Ute Schürings

Zwischen Pommes und Praline

W0034139

Das Projekt „Mentalitäten, Kulturen und Traditionen in Nordwest-
Europa" und seine Publikationen wurden unterstützt durch das
Ministerium für Bundes- und Europaangelegenheiten des Landes
Nordrhein-Westfalen.

Dieses Buch ist eine Publikation des Zentrums für
Europäische Integrationsforschung, Bonn (ZEI) und der
Staatskanzlei Nordrhein-Westfalen, Düsseldorf.

Ute Schürings

Zwischen Pommes
und Praline

Mentalitätsunterschiede, Verhandlungs- und
Gesprächskultur in den Niederlanden, Belgien,
Luxemburg und Nordrhein-Westfalen

Herausgegeben von
Georg Michels und Bernd Müller

a

agenda Verlag

Redaktion
Stefaan Marteel und Georg Michels, unter Mitarbeit von Catrin Engels, Simon
Hopf, Sabine Kayser, Ilka Lütkemeier, Agnes Malinowski, Denise Martin, Ulrike
Schwabe, Jacek Swiderski und Mira Weber

Lenkungsausschuß
Charles Barthel (Centre Européen Robert Schuman, Luxembourg), Ludger
Kühnhardt (Zentrum für Europäische Integrationsforschung, Bonn), Bernd
Müller (Staatskanzlei Nordrhein-Westfalen, Düsseldorf), Dirk Rochtus (Lessius
Hogeschool, Antwerpen), Friso Wielenga (Zentrum für Niederlande-Studien,
Münster)

Bibliografische Information der Deutschen Bibliothek

Die Deutsche Bibliothek verzeichnet diese Publikation
in der Deutschen Nationalbibliografie;
detaillierte bibliografische Daten sind im Internet über
http://dnb.ddb.de abrufbar.

Fotos Umschlagvorderseite:
Der Hafen von Rotterdam, © Ministerie van Buitenlandse Zaken, Den Haag
Luxemburger Altstadtatmosphäre, © Office National du Tourisme du Luxembourg
Das Europäische Parlament in Brüssel, © BI-TC
Umschlaggestaltung: Julia Kisker

© 2003, 2004 agenda Verlag & Co. KG
Dr. Bernhard Schneeberger
Drubbel 4, D-48143 Münster
Tel.: +49-(0)251-79 96 10, Fax: -79 95 19
E-Mail: info@agenda.de
www.agenda.de
Alle Rechte vorbehalten
Layout: Michael Alfs, Julia Kisker
Lektorat, Bildbearbeitung und Satz: Julia Kisker
Technische Vorbereitung, Endredaktion: drs. Pim Huijnen
ISBN 3-89688-169-8

Inhaltsverzeichnis

Vorwort   9

Einleitung   11

Niederlande   15

Gleiches Spiel, unterschiedliche Regeln (16) – Anti-deutsch? (17) – Zunehmende Beliebtheit (23) – Normale Spannungen (25) – Holland oder Niederlande (28) – Regionale Unterschiede (29) – Sprache (30) – Fußball (32) – Duzen und Siezen (35) – Informeller Umgang auf Arbeitsebene (38) – Arbeitsklima (39) – Hierarchie oder Wer entscheidet? (40) – Freundliche Anweisungen (42) – Fachkompetenz (44) – Deutsch-niederländische Verhandlungen (44) – Einhaltung von Absprachen (47) – Probleme und Kritik (48) – Diskussionsstil, Bildung, Rhetorik (49) – Reichtum und Luxus (52) – Essen (53) – Ein gutes Team (57) – Eigene Notizen (58)

Belgien   61

Ein schiefes Bild (63) – Land ohne Label (64) – Flamen und Wallonen (70) – Belgische Lösungen (75) – Ähnliche Mentalität (77) – Mißtrauen gegen die Obrigkeit (79) – Recht und Ordnung (80) – Arbeitssprache (81) – Persönlicher Kontakt (84) – Arbeitsessen (85) – Worüber spricht man? (88) – Deutsch-belgische Verhandlungen (90) – Höflichkeit und Ausweichen (93) – Das geschriebene Wort (94) – Absprachen und Vereinbarungen (95) – Kritik (97) – Kompetenz (99) – Beziehungen (101) – Alte Freunde (101) – Eigene Notizen (102)

Luxemburg   105

    Groß im Kleinen (106) – Nationalbewußtsein (107) – Arbeits-
    sprache (110) – Luxemburgisch (113) – Reserviertheit und
    Zurückhaltung (115) – Multikulti (119) – Verschiedene Unter-
    nehmenskulturen (120) – Informeller Umgang (124) – Ver-
    handlungen und Absprachen (125) – Arbeitsessen (126) –
    Global Village (127) – Eigenen Notizen (127)

Nordrhein-Westfalen   129

    Was wissen die Anderen? (130) – Kunstprodukt mit Kompe-
    tenzen (131) – Bundespolitischer Einfluß (132) – Landes-
    regierung (134) – Verflechtung Bund-Länder (134) – Kom-
    munen (136) – Regionale Unterschiede (137) – Struktur-
    wandel (141) – Partner in Europa (143) – Selbstbewußte
    Zurückhaltung (147) – Eigene Notizen (147)

Gut zu wissen: Daten und Fakten   149

Nachbarschaft im WWW:
    nützliche Internet-Adressen   153

Literatur   171

Abbildungsnachweis   174

Danksagungen   174

Verzeichnis der in Kästen eingestellten Themen

Niederlande

>   Geschichte und Politik:
>   Kolonien (26) – Konsenskultur (20) – Overleg (41) – Plura-
>   lismus, Religion, Versäulung (18) – Poldermodell (24) –
>   Staatsverständnis und politische Kultur (19) – Zweiter Welt-
>   krieg (22)

>   Kulturelles Leben:
>   Architektur (50) – Kaffee und protestantisches Arbeits-
>   ethos (54) – Literatur (55) – Medien (36) – Sprache (31) –
>   Vokabeln: Falsche Freunde (32)

>   Wissenschaftliche Institute:
>   Centrum voor Duitsland Studies, Nijmegen (43) – Duitsland
>   Instituut Amsterdam (57) – Zentrum für Niederlande-Studi-
>   en, Münster (21)

Belgien

>   Geschichte und Politik:
>   Aufschwung in Wallonien (66) – Belgisch-Kongo (66) –
>   Deutschsprachige Gemeinschaft (78) – Erster Weltkrieg (67)
>   – Fremdherrschaft, Religion, Unabhängigkeit (65) – Identi-
>   tät und Abgrenzung (72) – Königshaus (99) – Staatsauf-
>   bau (70) – Zweiter Weltkrieg (68)

>   Kulturelles Leben:
>   Modedesign und Film (77) – Literatur (82) – Medien (98) –
>   Michelin-Sterne für Schlemmer (86) – Neue und alte
>   Kunst (88)

Luxemburg

Geschichte und Politik:
Europäer der ersten Stunde (118) – Staatsaufbau und Regierung (110) – Unabhängigkeit und Souveränität (108) – Zweiter Weltkrieg (109)

Kulturelles Leben:
Feiertage (116) – Medien (114) – Nationalsprache Luxemburgisch (108)

Wirtschaft:
Arbed (120) – Bankplatz (123)

Nordrhein-Westfalen

Bildung, Beruf, Wissenschaft (133) – IBA (144) – Multikulturelle Wohngemeinschaft (139) – Wissenschaftliche Zusammenarbeit (146)

Nordrhein-Westfalen wendet sich im Rahmen seiner europapolitischen Aktivitäten bewußt seinen westlichen Nachbarn zu. Schon seit drei Jahren fördern wir intensiv die Zusammenarbeit mit den Benelux-Ländern. Im Bereich „Europa/Internationales" haben wir dafür gesorgt, daß die Benelux-Kooperation mit einer gemeinsamen strategischen Planung zwischen den Niederlanden, Belgien, Luxemburg und Nordrhein-Westfalen systematisch ausgebreitet und vertieft wird. Mit den Regierungen der westlichen Nachbarländer finden inzwischen regelmäßige Treffen statt. Wir sind uns einig, daß die Zusammenarbeit zügig und im Rahmen einer gemeinsamen strategischen Planung ausgebaut werden soll. Die Kooperation entlang der Grenze mit Belgien und den Niederlanden hat dabei einen besonders hohen Stellenwert. Diese grenzüberschreitende Zusammenarbeit werden wir systematisch verbessern und vertiefen. Dabei übernehmen wir auf der nordrheinwestfälischen Seite eine Koordinations- und Steuerungsfunktion für alle beteiligten Partner und Institutionen.

Ich sehe unsere Rolle vor allem aber auch als Vermittler und Kommunikator. Um eine gute Zusammenarbeit über nationalstaatliche, kulturelle und über Sprachgrenzen hinweg möglich zu machen, müssen wir uns verständigen können und verstehen lernen. Das ist gar nicht so selbstverständlich, wie man sich das zunächst vorstellt. Wir sind nämlich alle geneigt, unsere eigene Lebenswelt und Erfahrung als allgemeingültig zu sehen und über die Grenzen hinweg als Normenkatalog auf andere zu übertragen. Das führt zu vielen Mißverständnissen, denn was in Deutschland „normal" ist, kann in einem der Nachbarländer etwas völlig anderes bedeuten. Es kann ungesund, unhöflich oder sogar als Affront wirken.

Wir betrachten es als wichtige Aufgabe, an dieser Stelle für Informationen zu sorgen und den Menschen die Möglichkeit zu geben, sich ein Bild von den Nachbarn zu machen. Deshalb unterstützen wir z. B. ein Austauschprogramm für deutsche und niederländische Journalisten, aber auch den Austausch von Beamten, Wissenschaftlern, Lehrern, Studenten und Schülern.

Für eine gute Zusammenarbeit muß man wissen, mit wem man es zu tun hat. Dafür stellen wir gezielt Informationsmaterial zur Verfügung. Wir haben angefangen mit einem kleinen Handbuch über die Niederlande. Es heißt „Vorbild Niederlande?" und wird über die Landeszentrale für politische Bildung an interessierte Bürgerinnen und Bürger in Nordrhein-Westfalen verteilt. Das niederländische Gegen-

stück wurde im Jahr 2001 in unserem Auftrag durch das Deutschland-
institut in Amsterdam (DIA) herausgegeben und ist bereits in zweiter
Auflage erschienen.

Der hier vorliegende Band ist ebenfalls keine wissenschaftliche
Veröffentlichung. Die Autorin, Ute Schürings, hatte den Auftrag, aus
den Ergebnissen einer Reihe von Symposien des Zentrums für Europäische Integrationsforschung (ZEI) in Bonn und auf der Grundlage
eigener Interviews ein journalistisches Buch zu schreiben. Es ist ihr
gelungen, eine umfassende Übersicht über kleine, aber wichtige Unterschiede zwischen den Kulturen und Traditionen in Nordrhein-
Westfalen und Benelux zu geben. Das Buch kann uns allen helfen, in
dieser europäischen Großregion mit mehr Offenheit und Verständnis
aufeinander zuzugehen.

Miriam Meckel

Staatssekretärin für Europa, Internationales und Medien im
Geschäftsbereich des Ministerpräsidenten

Einleitung

Europa wächst zusammen. Aber wie? Wächst da wirklich zusammen, was zusammen gehört? Und was gehört da eigentlich zusammen bzw. was sollte getrennt betrachtet werden? Wen wundert es, wenn viele Menschen verunsichert sind, angesichts dieser Perspektiven. Sie suchen Zuflucht im Vertrauten, das sie umgibt. Die Europäische Union wird damit in dem Moment, in dem sie eine neue Qualität zu erreichen scheint, ausgerechnet auch in ihren Gründungsländern in Frage gestellt. Angleichung und Harmonisierung wird oft als „Gleichmacherei" verstanden. Immer lauter wird der Ruf nach einer Rückbesinnung auf die eigene Kultur. Als nächster Schritt führt das häufig zur bewußten Abgrenzung des Fremden und der Fremden, eine Entwicklung, die nicht ernst genug genommen werden kann. In ihr steckt eine große Gefahr von neuen Nationalismen und Ethnozentrismen.

Mit der Rückbesinnung auf die Anfänge des Europäischen Einigungsprozesses treten aber wieder die positiven Seiten der Europäischen Union in den Vordergrund. Die Idee der Regionalisierung Europas, die eine Rückführung europäischer Strukturen auf menschliches Maß zum Ziel hat, gewinnt an Popularität. Es entstehen zahlreiche europäische Regionen, grenzüberschreitende Wirtschafts- und Kulturräume, die das Bedürfnis der Menschen nach überschaubaren Organisationsformen widerspiegeln. Die nationalstaatlichen Grenzen werden kontinuierlich aufgeweicht. Auch darin zeigt sich der hohe Wert und die Wertschätzung, die der europäische Gedanke trotz aller Kritik genießt.

Der Nachbar rückt ins Blickfeld und mit ihm die Frage, wieviel man eigentlich von ihm weiß. Worin unterscheidet er sich, und warum ist das so? Mentalitätsunterschiede und interkulturelle Kontakte werden seit langem von Soziologen gewertet und analysiert. Auch andere Disziplinen wie die Geschichts- oder die Politikwissenschaft haben diesen Bereich entdeckt. Wegen der immer enger werdenden wirtschaftlichen Vernetzung benachbarter Regionen wurde auch das Interesse der Medien und der Politik an interkulturellen Fragestellungen geweckt. Probleme der Verständigung können im Alltag eminente ökonomische Folgen haben. Wir wissen: Der menschliche Faktor darf bei Investitionen nicht mehr aus dem Blickfeld geraten.

Am Beispiel der amerikanischen Supermarktkette Wal-Mart wird deutlich, wie wichtig Mentalitäten und Umgangsformen sind, die sich im kulturellen Zusammenhang herausgebildet haben. Mit ihrem Auftritt in Deutschland wollte diese Firma auch amerikanische Formen der Mitarbeiterführung und -motivation einführen und scheiterte kläglich. Auch auf dem Arbeitsmarkt hat dieses Thema seinen Platz erobert: Unternehmensberater, die sich „Interkulturalisten" nennen, bieten ihre Hilfe bei grenzüberschreitenden Kooperationen an. Angesichts der hohen Arbeitslosenzahlen insbesondere im Grenzgebiet ist das von hoher politischer Bedeutung.

Die erfolgreichen Jugendaustauschprogramme nach dem Zweiten Weltkrieg hatten das Ziel, daß sich die ehemaligen Kriegsgegner besser kennenlernen und damit eine gemeinsame friedliche Zukunft möglich wird. Die Zusammenarbeit zwischen Geschäftspartnern im grenznahen Raum hat einen weniger plakativen Charakter. Man kennt sich in der Regel schon und muß jetzt im Alltag miteinander zurechtkommen. Nun schützt Vorkenntnis nicht vor Mißverständnissen. Und jemanden besser kennenzulernen, muß nicht dazu führen, daß damit auch gleich die Sympathie wächst. Vielleicht tritt sogar das Gegenteil ein. Doch muß man sich ja nicht lieben, um miteinander Geschäfte machen zu können. Wichtiger ist, daß man etwas über die historisch-politischen Hintergründe, kulturellen Prägungen und über die Befindlichkeiten des Anderen weiß. Wenn solches Wissen Mißverständnissen vorbeugt und in einem zweiten Schritt zum Verstehen führt, ist viel erreicht.

Politisch Verantwortliche sehen deshalb eine wichtige Aufgabe darin, solches Wissen und Verstehen zu fördern. Das kommt in vielen Reden, Austauschprogrammen und Publikationen zum Ausdruck. So ist es beispielsweise der Landesregierung von Nordrhein-Westfalen ein besonderes Anliegen, der Zusammenarbeit mit ihren westlichen Nachbarn ein immer stärkeres Fundament zu geben. Im Auftrag der Landesregierung wurde z. B. von Ruud Slootboom, einem niederländischen Journalisten, ein Buch geschrieben, das den niederländischen Lesern ein politisch-kulturelles Basiswissen über das Bundesland im föderalen und im europäischen Zusammenhang vermitteln soll. Denn es kann nicht vorausgesetzt werden, daß in den Niederlanden der benachbarte Teil Deutschlands als eigenes Bundesland mit eigenem Parlament, eigener Regierung und eigener Gesetzgebungskompetenz bekannt ist.

Daß so etwas erklärt werden muß, mag den deutschen Lesern überraschen. Aber was wissen wir schon über die Nachbarn im Westen? Für den hiesigen Normalbürger ist es klar, daß wir Deutschen deutsch sprechen, die Franzosen französisch, die Niederländer niederländisch. Und die Belgier? Belgisch? Nur wenigen sind hierzulande die schwierige Sprachensituation unseres Nachbarlandes Belgien und die damit verbundenen Komplikationen und Nebenwirkungen bewußt. So sehen sich z. B. auch Reisebüros immer wieder Kunden gegenüber, die den großen belgischen Hafen Antwerpen beharrlich in den Niederlanden suchen.

In Zusammenarbeit mit der nordrhein-westfälischen Ministerin für Bundes- und Europaangelegenheiten hat das Zentrum für Europäische Integrationsforschung (ZEI) in Bonn eine Reihe Workshops organisiert, die die Mentalitäten, Kulturen und Traditionen in Nordrhein-Westfalen und seinen westlichen Nachbarländern in den Mittelpunkt stellen. Das Ziel dieser Initiative war es, einen Mentalitätenführer für die Benelux-Staaten und Nordrhein-Westfalen zu erarbeiten, der den Charakter eines unterhaltsamen Vademecums haben soll. Das Buch hat den Anspruch, einem interessierten (Geschäfts-)Reisenden als Einführung und erste Handreichung zu dienen. Das Thema sollte aber dabei so überschaubar dargestellt werden, daß der fertige Leitfaden auch handhabbar ist. So wurde nicht der Versuch unternommen, alle Länder unter allen denkbaren Aspekten zu bearbeiten, sondern es wurden Schwerpunkte gesetzt. Ins Blickfeld sollte nur das genommen werden, was für das jeweilige Land prägend ist. Weil nur das Besondere, die Unterschiede, erläutert werden, gleicht kein Abschnitt dem anderen. Es kann deshalb kein systematischer Themenkatalog vorangestellt werden. Ziel war es, jeweils spezifische Problemfelder zu kennzeichnen und auf potentielle Gefahrenherde aufmerksam zu machen. Damit entstand etwas, was man als „Fettnäpfchen-Führer" bezeichnen könnte. Allerdings wird der Leser keine Erläuterung dazu finden, daß man auch in Belgien die Gabel links und das Messer rechts hält, denn er soll nicht mit Selbstverständlichkeiten gelangweilt werden.

Wer mit offenen Augen durch das Nachbarland geht und sich nicht benimmt, als habe er seine „Heimatenklave" kurzzeitig ins Ausland „exportiert", wird sowieso nur wenig Gefahr laufen, seinen Gastgebern auf die Füße zu treten. Aber für die wenigen Situationen, in denen es doch geschehen könnte, soll ihm mit diesem Buch eine Hilfe an die Hand gegeben werden. Es wendet sich nicht nur an Leser, die schon Erfahrungen mit den westlichen Nachbarn gemacht haben, sondern möchte auch die Schwellenangst nehmen.

Es geht in dieser Publikation um die Suche nach dem menschlichen Faktor. Das bestimmt auch die Herangehensweise. Neben den Ergebnissen der oben erwähnten Workshops, die unter dem Titel „Die Rhein-Gesellschaft" publiziert wurden (siehe Literaturteil), lieferten Befragungen nach einem vorgegebenen Fragebogen und längere Interviews in den Niederlanden, Belgien, Luxemburg und Nordrhein-Westfalen das Quellenmaterial. Die Gesprächspartner kamen aus den verschiedensten Bereichen von Politik und Publizistik, aus Wirtschaft und Wissenschaft und verfügen über ausgedehnte Erfahrungen in der Zusammenarbeit und Kommunikation über die Grenze nach Deutschland hinweg. Allen Beteiligten muß auch an dieser Stelle für ihre Hilfe noch einmal ganz herzlich gedankt werden. Ihre Ausführungen legten die Inhaltsstruktur und letztlich auch den Umfang der jeweiligen Abschnitte fest. Sie bilden das eigentliche Fundament des Büchleins.

Der Themenkreis kann deshalb dem einen oder anderen unausgewogen, zu wenig repräsentativ erscheinen, und dem ist kaum zu widersprechen. Durch die Methode der Einzelbefragung ergibt sich zwangsläufig eine subjektive Sicht, die wir durch ein breites Spektrum von Hintergründen und Arbeitszusammenhängen aufgefächert haben. Deutlich sichtbare persönliche Befindlichkeiten wurden durch die Befragung anderer konterkariert. Parallel dazu hat die Autorin, Ute Schürings, versucht, Schönfärbereien zu vermeiden. Ihr Text zeichnet sich durch eine große Praxisnähe aus, die der Unterhaltung des Lesers entgegenkommt, aber die Intention des ganzen Vorhabens nicht vernachlässigt. Die Beschränkung auf eine überschaubare Seitenzahl soll dabei der Handhabbarkeit dienen, daß man das Buch z. B. auf der Fahrt zum Geschäfts- oder Gesprächspartner in Benelux lesen kann.

Bei dieser Kürze läuft man Gefahr, in Klischees hängen zu bleiben. Das kann bisweilen schwer vermieden werden. Aber gerade deshalb legt die Autorin besonderes Augenmerk darauf, den Leser nicht durch die Anekdotenschätze der Stammtische aller Länder zu führen. Es wird mit Absicht viel Althergebrachtes gegen den Strich gebürstet. Der Blick richtet sich auf den einzelnen Menschen und seinen Alltag. In diesen Alltagserfahrungen steckt ein hoher Wiedererkennungswert. Er gibt uns die Chance, in den Eigenheiten, Macken und Fettnäpfchen uns selbst wiederzuerkennen. Dabei wünschen wir als Herausgeber dieses Buches viel Vergnügen.

Georg Michels und Bernd Müller

Nieder-
lande

Offizieller Name: **Königreich der Niederlande**
Staatsform: **Parlamentarische Monarchie seit 1848**
Staatsoberhaupt: Königin Beatrix Wilhelmina Armgard, seit 1980
Verwaltung: **12 Provinzen; Überseegebiete Aruba und Niederländische Antillen**
Amtssprachen: Niederländisch, Friesisch (regional)
Fläche: 41.865 km²

Einwohner: 15.987.075 = 465 je km² (2001)
ausländische Bevölkerung (2001): ca. 650.000, darunter 319.600 Türken, 272.750 Marokkaner, 55.000 Deutsche (0,4 % der Bevölkerung), als Inländer zählen: 117.090 Antillianer und Arubaner sowie 308.825 Surinamesen.
Hauptstadt: Amsterdam (731.200 Einwohner)
Regierungssitz: Den Haag
Ministerpräsident: Jan Peter Balkenende (CDA), seit 2003 Koalition aus CDA, VVD und D'66 (Christdemokraten-Liberale-Linksliberale)
staatliche Gedenktage (nicht arbeitsfrei):
4. Mai (Gedenktag der Opfer des Zweiten Weltkriegs, abends feierliche Kranzniederlegung), 5. Mai (Gedenktag der Befreiung)
arbeitsfreie Feiertage: 1. Januar, Ostermontag, 30. April (Königinnentag), Himmelfahrt, Pfingstmontag, 25./26. Dezember
5. Dezember: Sinterklaasfest (abends Geschenke für die Kinder, nicht arbeitsfrei).

Quelle: CBS Centraal Bureau voor de Statistiek (www.cbs.nl)

Gleiches Spiel, unterschiedliche Regeln

Stellen Sie sich vor, ein Niederländer arbeitet seit einer Woche bei einer deutschen Firma. Er hat ein dringendes Anliegen, geht zu seiner Sekretärin und sagt: „Vielleicht könnten Sie das bis morgen erledigen und mir dann hinlegen." Am nächsten Tag kommt er an seinen Schreibtisch – aber da liegt nichts. Er wundert sich, denn er hatte doch eine klare Anweisung gegeben. Die deutsche Sekretärin hingegen dachte, es ist noch soviel anderes zu tun, das ist bestimmt nicht so wichtig.

Für niederländische Verhältnisse war der Auftrag deutlich, denn hier werden auch direkte Anordnungen in der Regel als freundliche Frage oder Bitte formuliert. Ein deutscher Chef hätte wahrscheinlich die Priorität betont und gesagt: „Ich habe hier noch etwas Dringendes, machen Sie das bitte bis morgen fertig." Ergebnis: Der Niederländer hat den Eindruck, seine neue Sekretärin sei unzuverlässig oder sie wolle vielleicht ausprobieren, wie weit sie gehen kann (das machen Niederländer schon mal gern mit einem neuen Chef). Und die Sekretärin denkt, na ja, das kann ich doch nicht ahnen, daß es so dringend ist.

So geht es häufig in der deutsch-niederländischen Zusammenarbeit: Man spielt das gleiche Spiel, aber mit unterschiedlichen Regeln. Aus der jeweiligen kulturellen und historischen Entwicklung beider Länder sind unterschiedliche Unternehmenskulturen entstanden. Kennt man diese Regeln und Konventionen, läßt sich so manches Mißverständnis vermeiden – weil man weiß, was der andere meint.

Außerdem gibt es gerade in den deutsch-niederländischen Beziehungen unzählige Klischees und Vorurteile, die einem besseren Verständnis im Weg stehen. Man stelle sich die oben beschriebene Anekdote einmal umgekehrt vor: Ein Deutscher arbeitet seit einer Woche in Amsterdam und sagt zu seinem direkten Untergebenen: „Das ist sehr wichtig, machen Sie das bitte bis morgen fertig." Da denkt der Niederländer wahrscheinlich, oh Gott, schon wieder so ein arroganter Deutscher. Und der Deutsche glaubt, sein neuer Mitarbeiter wolle ihn boykottieren, weil er etwas gegen Deutsche hat.

Antideutsch?

Womit wir beim ersten Punkt wären: Niederländer sind deutschfeindlich. Das stimmt so nicht. Und *das* niederländische Deutschlandbild gibt es natürlich ebenso wenig wie *den* Deutschen oder *den* Niederländer. „Das niederländische Deutschlandbild ist weitaus differenzierter, als Deutsche oft meinen", so Friso Wielenga, Direktor des Zentrums für Niederlande-Studien an der Universität Münster.

Gerade in den letzten Jahren wurde deutlich, daß viele Niederländer mit einer pauschalen antideutschen Haltung nicht einverstanden sind. Zwei Ereignisse zeigen dies. Als Reaktion auf die Brandanschläge in Solingen hatten 1993 über eine Million Niederländer eine vorgedruckte Postkarte an den deutschen Bundeskanzler geschickt. Darauf stand der Satz: *Ik Ben Woedend!,* Ich bin wütend. Die Deutschen wunderten sich sehr über den erhobenen Zeigefinger der westlichen Nachbarn. Doch die Postkartenaktion rief auch im Land selbst einigen Unmut hervor, viele Niederländer fanden die Aktion ihrer Landsleute ziemlich unpassend – nur schickten sie keine Postkarte, um das Bild zu relativieren.

Ins gleiche Jahr wie die Postkartenaktion fiel die Veröffentlichung

Ein bißchen Geschichte

Pluralismus, Religion und Versäulung

Die Charakterisierung der niederländischen Gesellschaft als tolerant und pluralistisch geht auf ein langjähriges Nebeneinander verschiedener Glaubensrichtungen zurück. Seit dem 17. Jahrhundert ist der Protestantismus zwar die dominierende Glaubensrichtung, doch innerhalb der protestantischen Kirche gab es stets verschiedene Richtungen. Daneben bildeten die Katholiken immer eine starke Gruppe, deren Glaube zwar nicht öffentlich zugelassen war, aber toleriert wurde. „Jede religiöse Gemeinschaft mußte sich behaupten, keine war groß genug, um den Staat völlig zu erobern" erläutert der niederländische Historiker Hermann von der Dunk. „Dies hatte eine intensive Bindung des Einzelnen an seine Gemeinschaft zur Folge, die sich fest zusammenschließen mußte, um der andersgläubigen Außenwelt Paroli bieten zu können."

Der Einzelne mußte sich in der Öffentlichkeit zu seinem Glauben bekennen, und diese nach außen gekehrte Religiosität war für die niederländische Mentalität von großer Bedeutung. Toleranz, Individualismus und Bindung an die eigene Gemeinschaft gehörten zusammen. Die Identität der Gemeinschaft zählte im alltäglichen Leben mehr als die nationale Identität – ein Umstand, der durch die lange Neutralität begünstigt wurde. „Das Nationalgefühl brauchte sozusagen nicht in Erscheinung zu treten", so von der Dunk.

Die Segmentierung der Gesellschaft spiegelte sich bis in die 1950er Jahre hinein in allen Lebensbereichen, jeder lebte in seiner eigenen Gruppe: einer protestantischen, katholischen, liberalen oder später auch sozialistischen „Säule". Man spricht daher von *Verzuiling*, Versäulung. Als Katholik ging man in die katholische Schule, in den katholischen Sportverein, arbeitete in einem katholischen Betrieb und ging zu einem katholischen Arzt. Man heiratete katholisch und kaufte seine Brötchen beim „richtigen" Bäcker, auch wenn der ein Dorf weiter wohnte. Vor allem aber wählte man auch katholisch – denn zu jeder Säule gehörte die entsprechende Partei. Das politische Leben war daher stark von der Versäulung geprägt. Jede Säule hatte zudem ihre eigenen Fernsehprogramme (siehe Kästchen Medien), die Sendezeit in Radio und Fernsehen wurde unter den vier großen Säulen aufgeteilt.

Das Geheimnis des Pluralismus lag also darin begründet, sich gegenseitig in Ruhe zu lassen und in vollkommen getrennten Welten zu leben. Erst mit den gesellschaftlichen Umwälzungen der 60er Jahre verlor die Versäulung an Einfluß. In der zweiten Hälfte des 20.

Jahrhunderts sind viele Menschen aus den christlichen Kirchen aus-
getreten, die aktuelle Zahl der Konfessionslosen wird auf über 50 %
der Bevölkerung geschätzt.

Jeder fünfte Niederländer ist heute katholisch, die Katholiken
leben vor allem in den südlichen Provinzen Limburg und Noord-Bra-
bant. Das protestantische Lager besteht aus den großen Gruppen der
Nederlandse Hervormde Kerk (die mit 14 % größte calvinistische Kirche, der auch das Königshaus angehört) und der *Gereformeerde Kerk*
(8 %). Beide stehen im Begriff, zur *Samen op Weg Kerk* zu fusionie-
ren. Daneben gibt es noch einige kleine Gruppierungen wie etwa die
Lutheraner mit 30.000 Mitgliedern. Seit den 70er Jahren hat sich als
größter nicht-christlicher Glauben in den Niederlanden der Islam entwickelt, ca. eine halbe Million Einwohner sind Muslime. Zum jüdi-
schen Glauben bekennen sich ca. 40.000 Menschen.

Staatsverständnis und politische Kultur

Die enge Bindung an die religiöse Gemeinschaft führte zu einem Staats-
verständnis, das den übergeordneten Staat als notwendigen Beschützer
sieht. Weil der Staat die Umverteilung der Steuergelder übernahm,
gewährte er der eigenen Glaubensgemeinschaft Spielraum und Sicherheit. Die Erhaltung und das gute Funktionieren der zentralen
Gewalt lag also im Interesse aller Gruppen.

Der Staat steht nicht über den gesellschaftlichen Gruppierungen,
sondern ist umgekehrt nur ihretwillen da und verdankt ihnen seine
Existenz. „Ohne den Staat geht es nicht – aber er darf nicht zu anma-
ßend werden, er soll sich nicht einbilden, von Gottes Gnaden zu
sein!", erläutert Hermann von der Dunk eine typisch niederländische
Haltung. Damit hängt auch das vergleichsweise pragmatische Rechts-
verständnis in den Niederlanden zusammen, die Lässigkeit und Flexi-
bilität der Behörden.

Demgegenüber ist die deutsche Gesellschaft eher durch den fürst-
lichen Absolutismus und die Verbindung von Kirche und Staat geprägt. Der niederländischen Glaubenskultur steht die deutsche Geistes-
kultur entgegen: Das deutsche Bürgertum profilierte sich im 19. Jahrhundert durch Bildung und Wirtschaft, weil es politisch wenig zu
sagen hatte. In den Niederlanden wurden dagegen Moral und Gesin-
nung großgeschrieben. Etwas verkürzt gesagt, steht das deutsche
Hierarchiedenken der niederländischen Egalität und Kollegialität gegenüber: Streitkultur und Debatten hier, Konsenskultur dort.

Diese Auffassung erklärt unter anderem die Freimütigkeit, in deutschen Augen vielleicht Respektlosigkeit, staatlichen Würdenträgern
gegenüber. Durch die Religion wurde das noch gefördert. Der Calvi-

Abb. 1: Woran denken Sie bei „Holland"? Wohl auch an Windmüh-len und vor allem an Deiche. Der Kampf gegen das Meer zwang die Menschen zu gemeinsamem Handeln und befähigte sie so zu großen Leistungen. Das gilt bis heute: die Maaslandkering, ein gigantischer Sturmflutschutz im Rahmen des Deltaplans.

nismus betont die Armseligkeit des sündigen Menschen vor Gott, und aus dieser Sicht sind menschliche Größe und Macht eine Anmaßung. In den Niederlanden gibt es daher ein kritisches Mißtrauen dem „gro-ßen Mann" gegenüber, Heldenverehrung bekommt leicht etwas Spaß-haftes, Lächerliches.

Konsenskultur

Bezeichnend für die politische Kultur der Niederlande ist die Art der Beschlußfassung. Auch sie geht auf das föderative System des 17. Jahrhunderts zurück. Niederländische Politiker wie der Magistrat oder hohe Beamte mußten stets die Meinungen der eigenen Fraktion oder Gruppe berücksichtigen, sie konnten nichts unternehmen ohne die Gewißheit, daß man ihre Entscheidung gutheißen würde.

Die Konsequenz war ein Höchstmaß an Vorsicht und Rücksicht-nahme, das bis heute die niederländische Politik prägt. Die Beschluß-fassung läuft nicht einfach von oben nach unten, sondern es findet ein Kreislauf statt. Man stimmt sich ab, geht in *Overleg*, die Vertreter der verschiedenen Parteien suchen gemeinsam nach einer Lösung und einigen sich auf einen Kompromiß. (siehe Kästchen *Overleg*)

der sogenannten Clingendael-Studie. Dieser Untersuchung zufolge haben mehr als 50 % der niederländischen Schüler ein ausgesprochen negatives Deutschlandbild, obwohl nur die wenigsten das Land kennen und sich die Sachkenntnis als sehr beschränkt erwies. Obwohl die Studie einige methodologische Mängel aufwies und die Ergebnisse in Fachkreisen durchaus umstritten sind, verfestigte sich in Deutschland das Klischee des antideutschen Niederländers. Das lag unter anderem auch an einem ziemlich einseitigen Artikel, der 1994 im Spiegel erschien und in einem larmoyanten Ton den angeblichen niederländischen Deutschenhaß beschrieb.

Dabei hatten gerade die Ereignisse 1993 eine rege Debatte ausgelöst. Die Postkartenaktion gilt inzwischen als Negativbeispiel für ein im Land verbreitetes moralisches Überlegenheitsgefühl, das, wie der Historiker Hermann von der Dunk es ausdrückt, die Kehrseite des Bewußtseins der eigenen geringen Größe ist. Was bei uns als pauschale antideutsche Haltung ankommt, ist zu einem Gutteil auf innerniederländische Probleme zurückzuführen. Die niederländischen Vorbehalte und Vorurteile sind damit typisch für den Blick auf ein benachbartes, ungleich größeres Land.

Anfang der 1990er Jahre verstärkte die niederländische Regierung daher ihre Bemühungen, die Kenntnisse über Deutschland auszubauen und eine nuancierte Sicht zu fördern. Schließlich waren und sind die diplomatischen Beziehungen zwischen den beiden Ländern aus-

Zentrum für Niederlande-Studien, Münster

Das 1989 an der Westfälischen Wilhelms-Universität Münster gegründete Zentrum für Niederlande-Studien (ZNS) widmet sich in Forschung und Lehre ganz den Niederlanden und Flandern. Gefördert wird die interdisziplinäre Forschung auf den Gebieten Politik, Geschichte, Kultur, Wirtschaft und Geographie, es gibt ein großes Dokumentationszentrum und eine gut ausgestattete Bibliothek. Auch für Berufstätige werden Seminare und Tagungen angeboten; neben dem Spracherwerb geht es dabei um Fragen aus dem beruflichen Alltag, um Absatzmärkte, rechtliche Regelungen oder den Schriftverkehr. In Zusammenarbeit mit dem Institut für Niederländische Philologie organisiert das ZNS Ausstellungen, Autorenlesungen, Vorträge, Filme und Exkursionen – und macht so eine breite Öffentlichkeit mit der kulturellen Entwicklung in Flandern und den Niederlanden bekannt.

(www.HausderNiederlande.de)

gezeichnet, ebenso wie die wirtschaftlichen Kontakte. Zusätzlich zu den bereits bestehenden Austauschprogrammen wurden eine Reihe neuer Initiativen ins Leben gerufen: jährliche deutsch-niederländische Konferenzen auf Regierungsebene, eine Reihe neuer Austauschprogramme für Schüler, Studenten und Journalisten, verstärkte Forschung über Deutschland und die deutsch-niederländischen Beziehungen. „Deutschland nach 1945" avancierte sogar zum Abiturthema im Geschichtsunterricht. Vorher hatte sich der Stoff über Deutschland vor allem auf den Zeitabschnitt 1933 bis 1945 beschränkt – kein Wunder, daß viele Schüler nur wenig ausgeprägte Vorstellungen über den Stand der Demokratie im Nachbarland hatten.

Von deutscher Seite wurden diese Anstrengungen unterstützt. 1995 stattete Bundeskanzler Helmut Kohl den Niederlanden zwei Besuche ab, im gleichen Jahr reiste auch Bundespräsident Roman Herzog ins Nachbarland. Und seit 2001 beteiligt sich der DAAD (Deutscher Akademischer Austauschdienst) an der Finanzierung eines umfangreichen Deutschlandprogramms der niederländischen Regierung. Auch auf

Zweiter Weltkrieg

Am 10. Mai 1940 überfiel die deutsche Wehrmacht die Niederlande, Belgien und Luxemburg. Der Besatzungsschock war für die Niederlande groß, weil das Land im Ersten Weltkrieg neutral geblieben war. Durch das Bombardement von Rotterdam wurden die Niederlande wenige Tage nach dem Einmarsch zur Kapitulation gezwungen.

Die Tiefe des Schocks wird um so deutlicher, wenn man sich die spezifische politische Kultur der Niederlande vergegenwärtigt, die durch eine enge Bindung des Politischen an moralische Maßstäbe und Grundsätze geprägt ist. Eine Bindung, die bei allen Gegensätzen und Konflikten Gewalt weitgehend ausschloß. „Die Niederländer waren durch den Terror in einem zentralen Nerv getroffen", so Hermann von der Dunk.

Während und vor allem nach dem Krieg kam es zu einer Spaltung der Gesellschaft, man unterschied zwischen den „Guten" (Widerstandskämpfern) und den „Schlechten" (Kollaborateuren). So entstand der Mythos, ein Großteil der Bevölkerung sei in den Widerstand gegangen. „Wenn eine Schulklasse in den 60er Jahren gefragt wurde, wie viele Eltern im Widerstand waren, dann gingen alle Finger in die Luft", berichtet Friso Wielenga. Inzwischen ist jedoch klar, daß die Wirklichkeit viel grauer ist. 2–3 % der Bevölkerung waren im Widerstand aktiv, die große Mehrheit war weder gut noch schlecht.

Länderebene wurde die Zusammenarbeit erweitert: Seit 1999 betreibt die Landesregierung in Nordrhein-Westfalen einen gezielten Ausbau der Zusammenarbeit mit der niederländischen Regierung.

Zunehmende Beliebtheit

Und womöglich lohnen sich solche Anstrengungen ja tatsächlich: Eine im Jahr 2000 erschienene Studie des Groninger Soziologen Jan Pieter van Oudenhoven hat herausgefunden, daß die Deutschen im Rennen um die Sympathiewerte der Niederländer inzwischen sogar vor den Franzosen und Italienern rangieren. Für diese Entwicklung lassen sich jedoch auch andere Gründe anführen.

Ein wichtiger Aspekt dürfte die lang ersehnte Anerkennung sein, die von deutscher Seite vor allem dem niederländischen „Wirtschaftswunder" gilt. Gemeint ist das Poldermodell, das eigentlich gar kein Modell ist, sondern ein Name für die Art und Weise, wie in Niederlanden schon seit Jahrhunderten politisch verhandelt wird: Man stimmt sich ab, die verschiedenen Parteien suchen gemeinsam nach einer Lösung und einigen sich auf einen Kompromiß – so auch 1982 in Wassenaar, als Arbeitgeber und Gewerkschaften miteinander verhandelten und sich auf niedrigere Löhne und mehr Teilzeitarbeit einigten. Konsens lautete hier das Zauberwort, steigende Beschäftigungszahlen waren das Ergebnis.

Die Nachrichtenmagazine Spiegel und Focus widmeten dem Poldermodell 1998 Titelstories, und deutsche Ökonomen wurden auf Bildungsurlaub nach Holland geschickt. Dabei spielte es kaum eine Rolle, daß rund eine Million älterer Arbeitsuchender aus den Statistiken weggeschummelt wurden und das Modell zudem kaum auf Deutschland übertragbar ist.

Ein positiveres Deutschlandbild ist auch der Berichterstattung in der niederländischen Presse zu verdanken, die seit dem Umzug der Regierung nach Berlin ausführlich aus der neuen Hauptstadt berichtet und das Bild eines modernen und vielseitigen Landes vermittelt. In den Wochenendbeilagen der Zeitungen finden sich nun oft große Artikel über Kunst und Kultur in Berlin, glamouröse Hauptstadtevents oder umstrittene Architekturprojekte. Die politische Berichterstattung ist zudem ausgesprochen differenziert, was sich in nuancierten Reportagen über deutschen Rechtsextremismus oder die linke Vergangenheit deutscher Minister äußert. Und die Stadt Berlin genießt bei niederländischen Jugendlichen seit einiger Zeit den Ruf, ein wahres Ausgeh-Mekka zu sein.

Poldermodell

Das niederländische „Poldermodell" ist in den 80er und 90er Jahren zum Synonym für eine florierende Wirtschaft und extrem niedrige Arbeitslosenzahlen geworden. Diese Entwicklung wurde 1982 mit dem Abkommen von Wassenaar eingeleitet, das einen Konsens zwischen Arbeitgebern, Arbeitnehmern und Staat darstellte. Dieses Konsensmodell war keineswegs neu – in den Niederlanden gibt es bereits seit 1945 eine *Stichting van de arbeid* (Bündnis für Arbeit).

Angekurbelt wurde die Konjunktur vor allem durch Sparmaßnahmen im öffentlichen Sektor, Arbeitszeitverkürzungen, Privatisierungen, Vorruhestandsregelungen (VUT), Arbeitsunfähigkeitsrenten (WAO), Senkung der Lohnnebenkosten und Lohnmäßigung für die kommenden 10–20 Jahre.

Im Jahr 2001 vollzog sich jedoch ein grundlegender Stimmungswandel. Hatte die Presse noch im Sommer des Jahres der Regierung Kok bescheinigt, in den vergangenen Jahren gute Arbeit geleistet zu haben, mehrten sich in der zweiten Jahreshälfte die Stimmen der Unzufriedenen. Trotz der Erfolge im wirtschaftlichen Bereich, etwa der Tilgung der Staatsschulden, waren eine Reihe von Problemen ungelöst geblieben. Der Sparkurs an Schulen, Kindergärten, Krankenhäusern, die Privatisierung der Bahn und die Verbreitung der Zeitarbeitsfirmen stießen nun zunehmend auf Kritik: Die Züge fuhren nicht mehr pünktlich, es gab zu wenig Personal, die Straßen waren permanent überlastet, und es mangelte an Krankenhausplätzen.

Die Bürger scharten sich um neue Parteien wie *Leefbaar Nederland* und den Politiker Pim Fortuyn, der die niederländischen Mißstände offen ansprach und vor allem die Ausländerpolitik zum Thema machte. Viele Niederländer meinten nun offenbar, daß schon jahrelang alles falsch liefe. Bei den Wahlen im Mai 2002 verliehen sie ihrem Unbehagen Ausdruck und gaben ihre Stimme der Partei von Pim Fortuyn, der kurz zuvor einem Anschlag zum Opfer gefallen war.

Der niederländische Stimmungswandel wird begleitet von einem offeneren Umgang mit der eigenen Geschichte. Als Seefahrer- und Handelsnation ist das Land auch durch Kolonien und Sklavenhandel reich geworden. Doch eine Auseinandersetzung mit der eigenen Vergangenheit war bis vor einigen Jahren auf einen kleinen Kreis von Intellektuellen beschränkt. Schon der Sprachgebrauch ist aufschlußreich: Noch bis vor ungefähr zehn Jahren wurde der niederländische Krieg gegen die indonesische Unabhängigkeit selbst in führenden Zeitungen euphemistisch „Polizeiaktion" genannt – die Bezeichnung geht auf die Vorstellung zurück, in den Kolonien hätte damals für Ordnung gesorgt werden müssen. Auch die eigene Rolle während der deutschen Besatzungszeit steht vermehrt zur Debatte, und der Mythos des landesweiten Widerstands ist einem nuancierten Bild gewichen.

Normale Spannungen

Wird jetzt alles gut? Nein. Bei einem derart ungleichen Verhältnis zweier Nachbarstaaten sind die Beziehungen immer durch gewisse Spannungen belastet. Die deutsch-niederländischen Beziehungen sind so eng, daß auf niederländischer Seite leicht der Eindruck von Abhängigkeit entsteht – und dagegen werden sich die Niederländer immer abgrenzen wollen. Diese Abgrenzung ist wichtig für die eigene Identität, und die Entwicklungen in Deutschland werden genauestens beobachtet. „Der niederländische Seismograph reagiert sicherlich empfindlich, manchmal überempfindlich auf Ereignisse im größten Nachbarland", so Friso Wielenga. „Den anderen großen Nachbarn, die Nordsee, haben die Niederlande allmählich mit hohen Deichen in den Griff bekommen; Deutschland gegenüber haben die Niederländer keine Deiche, sondern eine niedrige Schmerzgrenze, die man aber nicht mit einer pauschal antideutschen Stimmung gleichsetzen darf." Reibungen und Spannungen gehören dazu, und es ist an der Zeit, sich mit der bilateralen Wirklichkeit abzufinden.

Die Niederlande sind also kein vermintes Terrain. Und wenn Sie mit einem deutschen Nummernschild auf der niederländischen Autobahn unterwegs sind und geschnitten werden, erzählen Sie das ruhig Ihrem niederländischen Geschäftspartner. Der wird Ihren Ärger verstehen und sich vielleicht sogar für seine Landsleute entschuldigen. Aber Rowdies gibt es überall – also, bitte nicht in Weinerlichkeit verfallen und sich bei den Kollegen zu Hause über „die Holländer" beklagen.

Abb. 3: Nach der Flutkatastrophe Februar 1953 begannen die Niederlande mit der Realisierung des Deltaplans zum Schutz der Rhein-Maas-Mündung. Damit scheint ihnen der eine große Nachbar gezähmt. Und der andere …?

Kolonien

Vielen Deutschen ist nicht bewußt, daß die Niederlande noch bis Mitte des 20. Jahrhunderts über ein ausgedehntes Kolonialreich herrschten. Das Land war nach England und Frankreich die drittgrößte Kolonialmacht und verfügte über einflußreiche Handelsunternehmen. Die 1602 gegründete *Verenigde Oostindische Compagnie* (VOC) blieb über lange Zeit hinweg das größte Handelsunternehmen der Welt. Bereits 1610 verfügte die niederländische Handelsflotte über mehr als 16.000 Schiffe.

Die Handelsgesellschaften in Ost und West verdienten ihr Geld hauptsächlich im Pfeffer- und Gewürzhandel, später kamen Baumwolle und Textilien hinzu. Als überaus einträglich erwies sich auch der Handel mit Opium und Sklaven. Bedeutendste Kolonie war Niederländisch-Indien, das heutige Indonesien. Auch die Stadt New York gehörte zum niederländischen Gebiet, bis sie nach einem verlorenen Krieg gegen England 1664 gegen das heutige Surinam (an der Nordküste Südamerikas) getauscht werden mußte.

Die koloniale Tradition prägt bis heute das kollektive Bewußtsein. Zahlreiche niederländische Familien besaßen über Generatio-

Abb. 2: Mit seinen Schiffen auf allen Meeren war das kleine Holland zu Beginn des 17. Jahrhunderts eine Weltmacht. Der Nachbau der Batavia erinnert an diese stolze Zeit.

nen hinweg Tee- und Kaffeeplantagen in Indonesien. In den alten Familiengeschichten spielt das Leben in Übersee oft noch eine große Rolle. Das spiegelt sich auch in der niederländischen Literatur wieder, etwa in den Romanen von Louis Couperus, Hella Haasse, Helga Ruebsamen oder Adriaan van Dis.

Während des Zweiten Weltkriegs wurde „Niederländisch-Indien" von japanischen Truppen besetzt. Niederländische Frauen und Kinder waren jahrelang in japanischen Lagern interniert, die Männer mußten Zwangsarbeit leisten. Während des Kriegs erstarkte die indonesische Unabhängigkeitsbewegung, nach 1945 kam es zu blutigen Auseinandersetzungen mit der niederländischen Kolonialmacht. Nach mehreren Jahren Krieg erlangte Indonesien 1949 die Unabhängigkeit. Die niederländischen Familien wurden enteignet und kehrten in ein Heimatland zurück, das sie teilweise noch nie gesehen hatten.

Die westliche Kolonie Surinam wurde 1975 gegen eigenen Wunsch in die Unabhängigkeit entlassen, was zur Folge hatte, daß mehr als ein Drittel der Einwohner in die Niederlande auswanderte (180.000). „Die Bevölkerung des niederländischen Mutterlandes zeigte eine erstaunliche Bereitschaft zur Eingliederung der Einwanderer, ob diese sich nun assimilierten oder ihre kulturelle Eigenart behalten wollten", so der Kulturhistoriker Ernest Zahn. „Die Prinzipien dieser Politik gegenüber den neuen ethnischen Minderheiten ähneln denen, die in der Vergangenheit das Verhältnis zwischen den konfessionellen Minderheiten gestalten sollten".

Die Erinnerung an die koloniale Vergangenheit ist bis heute ein sehr sensibles Thema, da fast alle Beteiligten – subjektiv gesehen – Unrecht erlitten. Das 400jährige Bestehen der VOC im Jahre 2002 ist daher eine zweischneidige Angelegenheit. Erst nach langem Ringen etwa konnte man sich darauf einigen, in Amsterdam ein Sklavendenkmal zu errichten.

Literaturangaben

Louis Couperus: Die stille Kraft. Aufbau, Berlin 1993.
Adriaan van Dis: Indische Dünen. Rowohlt-Taschenbuch, Reinbek bei Hamburg 2000.
Hella Haasse: Die Teebarone. Rowohlt-Taschenbuch, Reinbek bei Hamburg 2001.
Helga Ruebsamen: Das Lied und die Wahrheit. Aufbau-Taschenbuch, Berlin 2000.

Abb. 4: Um die wirtschaftliche Bedeutung der Randstad zu zeigen, braucht es nur einen Blick in den Hafen von Rotterdam, den nach Umschlagszahlen bedeutendsten Hafen der Welt.

Holland oder Niederlande

Zweiter Punkt: Holland oder Niederlande? Umgangssprachlich sagt man meistens „Holland", und das geht auch viel leichter über die Lippen als „die Niederlande". Wenn nun Ihr niederländischer Partner aus Holland kommt, ist das gar kein Problem. Aber ein Limburger wird nun mal nicht gern als Holländer bezeichnet, denn Limburg ist nicht Holland.

Die Provinzen Nordholland und Südholland liegen im Westen des Landes, die größten Städte sind Amsterdam, Den Haag und Rotterdam. Zusammen mit Utrecht bilden sie die sogenannte Randstad. Hier leben auf einem Viertel der Fläche 50 % der Einwohner, hier wird das meiste Geld verdient. Viele Zeitungen haben ihren Redaktionssitz in Amsterdam, Rundfunk und Fernsehen sind traditionell im nahegelegenen Hilversum angesiedelt. Es hat sich eine Art „Randstad-Arroganz" entwickelt, zumal Holland auch historisch gesehen sehr einflußreich war. In den übrigen Provinzen regt sich vermehrt Unmut über die Randstad, wo Wirtschaft, Politik und Medien die Welt unter sich aufteilen.

Es ist also von Vorteil, wenn man sich des Problems bewußt ist und den Namen der Provinz kennt, in der man sich gerade aufhält. Dann kann man im Gespräch immer noch dazu übergehen, die Bezeichnung „Holland" zu brauchen, und dabei signalisieren, daß man weiß, daß das eigentlich nicht korrekt ist. Anhaltende politische Korrektheit ist manchmal einfach zu umständlich, und viele Niederländer sprechen auch selbst von „Holland", wenn sie das ganze Land meinen. Schließlich hat nicht zuletzt die niederländische Tourismusbranche den Begriff als Marke etabliert.

Regionale Unterschiede

Wie in Deutschland, Frankreich und Italien, so stehen auch in den Niederlanden die Nordlichter (in Groningen und Friesland) in dem Ruf, verschlossen und wortkarg zu sein, während die Südländer als lebenslustig und genießerisch gelten. Unterschiede gibt es auch zwischen Ost und West. In Twente und Gelderland, nahe der deutschen Grenze, ist man zum Beispiel nicht so gut auf die Amsterdamer mit ihrer großen Klappe zu sprechen. Die wissen immer alles besser und meinen, sie könnten kurz hereinschneien und erklären, wie der Hase läuft. Typisch Wessi eben! Da haben die niederländischen Ossis immer das Gefühl, über den Tisch gezogen zu werden. Übrigens ist man im Osten der Niederlande den Deutschen traditionell freundlicher gesonnen als im Westen.

Die wichtigsten Trennlinien sind jedoch die großen Flüsse (Maas, Waal, Lek und Rhein), die sich quer durchs Land ziehen: Südlich liegen etwa die katholischen Provinzen Brabant und Limburg. Ihren Bewohnern wird zugeschrieben, eine gute Eßkultur zu pflegen, das Leben zu genießen und ausschweifende Feste zu feiern. Das „Brabander Viertel" zeigt an, daß man es hier mit der Pünktlichkeit nicht so genau nimmt wie im strengen Norden, und die Ausdrücke *Brabostan* und *Limbabwe* sind Ausdruck der nördlichen, calvinistischen Hochnäsigkeit. Der katholische, karnevalsbegeisterte Süden gilt den gestrengen Protestanten als unzuverlässig. Im Süden komme man zwar schnell ins Gespräch und der Kontakt sei angenehm, aber bei Problemen werde um den heißen Brei herumgeredet: Es heißt, daß ein Kunde sich hier lieber mehrfach am Telefon verleugnen läßt, bevor er zugibt, daß er nun bei einem anderen Händler kauft, der billiger, besser oder freundlicher ist. Im Norden dauert es anscheinend etwas länger, bis man miteinander warm wird, doch hier gilt: Ein Deal ist ein Deal.

Natürlich ist das alles relativ und eine Frage der Wahrnehmung.

Abb. 5: Im Land der großen Ströme: Die Flußläufe von Maas und Rhein trennen den katholischen Süden der Niederlande vom protestantischen Norden. Damit sind sie auch eine Mentalitätengrenze.

Mißtrauisch macht ja schon der Umstand, daß sich diese Nord-Süd-Unterschiede offenbar in jedem Land beobachten lassen. Wer ist wohl genußsüchtiger, ein Norditaliener oder ein Südniederländer?

Sprache

Nicht jeder Niederländer spricht deutsch! Natürlich hat man sich in den touristischen Gebieten auf deutsche Gäste eingestellt – dort gilt tatsächlich in fast allen Geschäften, Hotels und Restaurants der Satz: „Man spricht deutsch". Aber das ist nicht im ganzen Land so. Deutsch ist für Niederländer ebenso eine Fremdsprache wie Englisch. In der Schule ist Deutsch kein Pflichtfach mehr, viele jüngere Niederländer haben demnach kein Deutsch gelernt. Wenn Sie also jemanden auf der Straße ansprechen, fragen Sie am besten erst, ob Ihr Gegenüber Deutsch spricht. Es kommt einfach nicht gut an, in eine Amsterdamer Kneipe zu gehen und dort direkt auf Deutsch zu bestellen. Das wirkt auf einen Niederländer so, als glaubten Sie, Holland sei das 17. Bundesland.

Meist sprechen die Niederländer sehr gut Englisch – was auch daran liegt, daß die meisten Fernsehfilme und -serien im Original mit Untertitel laufen. Das gilt zwar auch für die deutschen Serien, aber der An-

Die niederländische Sprache gehört ebenso wie Englisch, Deutsch, Friesisch und Afrikaans zu der Gruppe der westgermanischen Sprachen. Ca. 22 Millionen Menschen sprechen zur Zeit Niederländisch, das seit 1922 auch in Belgien neben Französisch offizielle Amtssprache ist. „Flämisch" und Niederländisch unterscheiden sich nur in bezug auf Aussprache und Wortschatz voneinander, für beide ist in schriftlicher Form bzw. als Hochsprache das *Algemeen Nederlands* verbindlich.

Die sprachliche Entwicklung des Niederländischen ist eng mit der politischen verknüpft. Mit dem Westfälischen Frieden 1648 wurden die Niederlande als unabhängige Republik anerkannt, damit entwickelte sich das Niederländische sehr früh zur selbständigen Schrift- und Staatssprache.

Zur Sprechergruppe des Niederländischen zählen auch die Überseegebiete, die früheren Kolonien der Niederlande. Afrikaans hat sich als Sprache der Buren seit dem 17. Jahrhundert zur selbständigen Tochtersprache entwickelt und ist seit 1926 in Südafrika und Namibia neben Englisch Amtssprache.

Ulrike Schwabe

teil der englischen überwiegt. Viele Niederländer sprechen lieber Englisch, weil sie diese Sprache einfach besser beherrschen. Bei einer Arbeitsbesprechung kann es also günstiger sein, zunächst auf Englisch anzufangen, selbst wenn Ihr Englisch nicht so gut ist. Dies ist jedoch von der Situation abhängig: Wenn Ihr Gegenüber direkt auf Deutsch beginnt, brauchen Sie natürlich nicht die „englische Form" zu wahren. Das könnte dann wieder als hyperkorrekt aufgefaßt werden. Es geht vielmehr darum, die praktischste Lösung zu finden. „Da die meisten Niederländer jedoch relativ gut Deutsch verstehen, besteht auch die Möglichkeit, daß der Deutsche Deutsch spricht und der Niederländer Englisch", so Lily Sprangers vom *Duitsland Instituut Amsterdam*.

Viele Deutsche meinen, Niederländisch sei ein deutscher Dialekt, der an das Plattdeutsche erinnert. Diese Ansicht sollten Sie in den Niederlanden tunlichst für sich behalten! Es handelt sich um unterschiedliche Sprachen: Beide haben zwar die gleichen Sprachwurzeln und gehören derselben Sprachengruppe an, haben sich aber unterschiedlich entwickelt. Und das heutige Hoch-Niederländisch ist sogar älter als das heutige Hoch-Deutsch. Für Heiterkeit sorgen auch

Falsche Freunde

Niederländisch	Deutsch
aanleiding	Anlass, Veranlassung; *nicht* Anleitung
aardig	nett; *nicht* artig *oder* brav
baan	Arbeitsstelle; *nicht* Bahn
bekwaam	fachkundig; *nicht* bequem
beleg	Belag, *nicht* Beleg
bellen	anrufen; *nicht* bellen
brutaal	frech, unverschämt; *nicht* brutal
bonbon	Praline; *nicht* Bonbon
deftig	vornehm; *nicht* deftig
durven	sich trauen; *nicht* dürfen
gekocht	gekauft; *nicht* gekocht
milieu	Umwelt; *nur ganz selten* Milieu
mogen	dürfen; *nicht* mögen
opzeggen	kündigen; *nur selten* aufsagen
slim	schlau; *nicht* schlimm
verzoeken	bitten; *nicht* versuchen *oder* probieren

immer die sogenannten falschen Freunde unter den Vokabeln. *Deftig* meint vornehm, und *slim* ist nicht das gleiche wie schlimm (s. Kästchen). Ein kleines Wörterbuch kann also nicht schaden. Und es macht immer einen guten Eindruck, zumindest ein paar Wörter der Landessprache zu beherrschen.

Fußball

Nun haben Sie schon mehrere Seiten über die Niederlande gelesen, und immer noch kein Wort über Fußball. Wo die ganze „deutsch-niederländische Misere" doch einzig und allein auf die Fußballbeziehungen zurückzuführen ist, wie ein niederländischer Journalist kürzlich noch versicherte. Wenn Sie diese bedeutenden Jahreszahlen und Ereignisse alle schon kennen, kommt nun nichts Neues. Für alle anderen folgen nun wichtige Informationen.

Jedem fußballinteressierten Niederländer gilt das Jahr 1974 als absoluter Tiefpunkt der Sportgeschichte, und Schuld daran sind natürlich die Deutschen. Das kam so: Im Finale der Weltmeisterschaft 1974, Deutschland gegen Holland, gingen die Niederländer kurz nach Spielbeginn in Führung. Zuvor hatten sie gegen Fußballnationen wie Brasilien und Argentinien gewonnen, nun wollten sie die Deutschen besiegen. Sie spielten schönen, eleganten Fußball und bestürmten das deutsche Tor. Arrogant herumgetänzelt hatten sie, hieß es dagegen von deutscher Seite, und das ließen sich die Herren Breitner, Beckenbauer und Overath nicht gefallen. Sie konnten ausgleichen, mit Hilfe einer Schwalbe von Hölzenbein (der Name dieses Spielers ist vielen Niederländern noch heute geläufig!) und gingen dann noch vor der Halbzeit in Führung.

Die niederländische Mannschaft verlor 1 : 2, und für viele brach eine Welt zusammen. Die Mannschaft, die unbestritten den besseren Fußball spielte, war unterlegen. Der häßliche Deutsche hatte gesiegt mit seiner unansehnlichen, aber effektiven Spielweise. Der „deutsche Kampfgeist" erinnerte viele Niederländer regelrecht an den Zweiten Weltkrieg, und nun war man dieser Truppe ein zweites Mal unterlegen. „Fußball ist Krieg", wie Rinus Michels sich ausdrückte. Im ganzen Land war man der Ansicht, daß die Deutschen den Titel geraubt hätten, so der Publizist Dik Linthout. Da half es nichts, daß auch auf deutschen Bolzplätzen jeder Junge Johan Cruijff bewunderte.

Abb. 6: Trotz aller Rivalität muß der Spaß nicht verloren gehen: Als Borussia Dortmund am 8.5.2002 das UEFA-Cup-Finale gegen Feyenoord verlor, skandierten die Borussenfans: „Ohne Holland fahren wir zur WM". Die Antwort kam in tadellosem Deutsch: „Schade, Dortmund, alles ist vorbei!"

Der Ausgleich erfolgte im Halbfinale der Europameisterschaft 1988. Nach dem niederländischen Sieg über die Deutschen war auf der niederländischen Autobahn kurz hinter einem Grenzübergang ein Transparent angebracht: „Und jetzt fahren Sie in das Land des Europameister." Das ist wohl nur verständlich, wenn man um den verletzten Stolz von 1974 weiß. Endlich hatte der bessere Fußball und damit die Gerechtigkeit gesiegt.

Viele deutsche Spieler wirken auf Niederländer zudem ausgesprochen arrogant: Zu den liebsten Haßobjekten zählten jahrelang Lothar Matthäus und Stefan Effenberg, die aus niederländischer Sicht direkte Nachkommen der deutschen Besatzer sind. Aber in Punkto Arroganz und schlechtem Geschmack liegen deutsche und niederländische Fußballer wohl ziemlich gleichauf. Man denke nur an Frank Rijkaard, der Rudi Völler hinterrücks anspuckte, oder Ronald Koeman, der sich nach dem erwähnten Halbfinale 1988 mit einem deutschen Trikot den Hintern abwischte, das er zuvor mit dem deutschen Spieler Olaf Thon getauscht hatte. Ganz zu schweigen von den Rotterdamer Feyenoord-Fans und ihren rassistischen Parolen gegen die „Amsterdamer Juden" des Vereins Ajax.

Abb. 7: © Haus der Geschichte der Bundesrepublik Deutschland

Inzwischen hat sich die Aufregung jedoch wieder einigermaßen gelegt. Eine Reihe von Niederländern stehen in der Bundesliga unter Vertrag, sowohl Spieler als auch Trainer. Auch Rudi und Frank haben sich werbewirksam versöhnt. Anläßlich der WM 2002 gab es sogar eine Website www.hupduitsland.nl, während sich die deutschen Fans auf www.ihrseidnichtdabei.de austobten. Mit diesen Informationen müßten Sie für jede Diskussion gewappnet sein.

Der Fußball spielt im deutsch-niederländischen Verhältnis auch deshalb eine wichtige Rolle, weil auf dem Rasen der Größenunterschied aufgehoben ist. Hier spielen nicht 80 Millionen gegen 16 Millionen, sondern Elf gegen Elf. Das Verhältnis ist ausgeglichen, und der

Bessere soll gewinnen. Daher freuen sich auch weniger fußballbegeisterte Niederländer über einen Sieg beim Fußball.

Duzen und Siezen

Nach diesem kulturgeschichtlichen Exkurs zurück zu den Themen des Alltags. Eines der größten Mißverständnisse zwischen Deutschen und Niederländern ist der Gebrauch des „Du". Niederländische Geschäftsleute duzen sich oft schon nach der ersten oder zweiten Begegnung, Arbeitskollegen duzen sich grundsätzlich. Für einen Niederländer ist es unbegreiflich, daß Deutsche, auch wenn sie dreißig Jahre lang im gleichen Büro sitzen, noch immer Herr Schmidt und Herr Meier zueinander sagen.

Nun ist das Duzen auch eine Frage der Branche, des Betriebsklimas und des Alters. Doch das niederländische „je" oder betont „jij" ist nicht das gleiche wie das deutsche „Du". Man kann es eher mit dem englischen „you" vergleichen. Das heißt, wenn man sich in den Niederlanden duzt, heißt das noch lange nicht, daß man befreundet ist oder sich besonders sympathisch findet. „Es ist einfach eine Anredekonvention", so Jörg Renner, Unternehmensberater und Experte für deutsch-niederländische Unterschiede. Duzen ist praktisch, finden die Niederländer, und man muß nicht immer umständlich Herr oder Frau und einen meist langen Nachnamen aussprechen. Die niederländische Vorliebe für Kürze zeigt sich schon in Vornamen wie Ad, Co, Wim oder Bas.

Das Duzen ist also keine Freundschaftsgeste, und man sollte nicht glauben, daß nun weniger hart verhandelt wird. Der Übergang zum Du vollzieht sich oft unangekündigt im Gespräch, durch Ausdrücke wie „Wenn du dies oder jenes machst, dann wirst du bald merken ...". Sie können Ihren Gesprächspartner von da an ruhig duzen, es verpflichtet zu nichts. Aber die Niederländer wissen auch, daß das Duzen in Deutschland weniger üblich ist, und bleiben daher meist beim Sie. Es kommt jedoch immer gut an, wenn Sie sich bei einem Geschäftstermin mit Vor- und Nachnamen vorstellen. Und wenn Sie Ihren niederländischen Geschäftspartner anrufen, melden Sie sich am besten auch mit Vor- und Nachnamen.

Etwas anders liegt die Sache bei offiziellen Anlässen. Dann wird auch in den Niederlanden meist das Sie gebraucht. Wenn man etwa einen Staatssekretär bei der persönlichen Begegnung duzt, tut man das nicht, wenn man ihn bei der nächsten Begegnung im Beisein seines Mitarbeiterstabs offiziell begrüßt. Dann sagt man „heer" plus Nach-

Medien

Rundfunk und Fernsehen

Bis Anfang der 1990er Jahre waren Rundfunk und Fernsehen in den Niederlanden stark durch die Versäulung geprägt. Noch heute teilen katholische, protestantische, sozialistische und liberale Rundfunkgesellschaften die Sendezeiten der drei öffentlich-rechtlichen Sender untereinander auf.

Inzwischen haben sich die traditionellen Bindungen jedoch stark gelockert oder völlig aufgelöst. Das Fernsehprogramm ist nicht mehr durch die weltanschauliche Ausrichtung der jeweiligen Rundfunkanstalt bestimmt, sondern eher durch die Profile der drei Kanäle: Der Fernsehsender Nederland 1 steht für Themen rund um Alltag und Gesellschaft, Nederland 2 für Unterhaltung und Sport, Nederland 3 für Kultur und Information. Den Rundfunk bestimmen fünf landesweite öffentlich-rechtliche Radiosender, Radio 1–5, hinzu kommen regionale Sender. Daneben gibt es eine Reihe regionaler und überregionaler Privatsender.

Seit Anfang der 1990er Jahre wächst die Bedeutung der privaten Anbieter. Fernsehsender wie RTL 4, RTL 5, SBS 6 oder Yorin verfügen inzwischen über einen Zuschaueranteil von rund 50 %. Außerdem hat sich eine Reihe von regionalen Programmen etablieren können. Fast jeder Haushalt verfügt über einen Kabelanschluß.

Presse

Die niederländische Zeitungsvielfalt ist beachtlich, es gibt sechs überregionale Tageszeitungen mit einer Gesamtauflage von knapp 2 Mio. (Zahlen: 2001). Fünf dieser Zeitungen (*Algemeen Dagblad*, *De Volkskrant*, *NRC Handelsbad*, *Het Parool* und *Trouw*) sowie einige regionale Zeitungen befinden sich in der Hand des PCM-Konzerns (seit 1995 Zusammenschluß von Perscombinatie, Meulenhoff & Co und Nederlandse Dagbladunie). Fast alle Blätter kämpfen mit sinkenden Auflagenzahlen und verzeichneten in den letzten Jahren erhebliche Rückgänge im Anzeigengeschäft.

De Telegraaf (807.000): mit Abstand auflagenstärkste Zeitung: konservativ-populistisch, viele Boulevardthemen, aber gemäßigter als die deutsche Bildzeitung (Boulevardblätter wie Bild oder Sun gibt es in den Niederlanden nicht)

De Volkskrant (334.000): begann als katholische Zeitung, entwickelte sich in den 1960er Jahren links-progressiv, immer noch links von der Mitte anzusiedeln

Algemeen Dagblad (333.000): unabhängig-neutral, nicht aus der Versäulung entstanden, wird hauptsächlich in Rotterdam gelesen

NRC-Handelsblad (267.000): liberales Qualitätsblatt mit einem großen Netz von Auslandskorrespondenten, vom Status her am ehesten mit der deutschen F.A.Z. zu vergleichen, aber lange nicht so konservativ (Besonderheit: erscheint am späten Nachmittag gegen 16.00 Uhr)

Trouw (128.000): Zeitung mit protestantisch-christlicher Tradition, neben täglicher Berichterstattung zahlreiche Beiträge über ethisch-philosophische Themen, verzeichnet als einzige wachsende Auflagenzahlen

Het Parool (89.000): als Widerstandszeitung gegründet, nach Kriegsende große überregionale Zeitung, heute vor allem auf den Raum Amsterdam ausgerichtet, links von der Mitte anzusiedeln (Besonderheit: erscheint am frühen Nachmittag gegen 13.00 Uhr)

Wochenzeitungen:

Elsevier (139.000): größtes Nachrichtenmagazin, rechts von der Mitte angesiedelt

Vrij Nederland (59.000): gemäßigt linksintellektuelle Zeitschrift mit einflußreichem Kulturteil (vor allem Literatur)

HP/De Tijd (39.000): früher Nachrichtenmagazin, heute Schwerpunkt Trends und Reportagen

De Groene Amsterdamer (13.000): linksintellektuelle Traditionszeitung, besteht seit über 125 Jahren.

namen, oder zumindest Vor- und Nachnamen, und „Sie".

Und bis in die 60er Jahre hinein war es in den Niederlanden noch allgemein üblich, seine Eltern zu siezen (in Deutschland gab es das nur bis etwa 1900). Noch heute sagen einige Niederländer aus alter Gewohnheit „u" zu ihren Eltern. Dennoch verstehen viele nicht, daß das deutsche „Sie" nicht distanziert oder abweisend gemeint ist, sondern Ausdruck von Respekt vor dem Anderen. Man interpretiert es eher als Zeichen von Steifheit und ausgeprägtem Hierarchiebewußtsein.

Informeller Umgang auf Arbeitsebene*

Beide Länder haben ein ganz unterschiedliches Verständnis von Respekt und Höflichkeit. In den Niederlanden gehört es zum höflichen Umgang miteinander, daß man schnell „Du" sagt und sich nach privaten Dingen erkundigt. Paul Medendorp, ehemaliger Vorstandsvorsitzender der „Berlinische Leben AG", vermißte in Deutschland, „daß man nicht einfach so bei jemandem ins Büro gehen kann, Kaffee trinkt, die Füße auf den Tisch legt und erzählt, wie das Wochenende war". In Deutschland erfahre er nie, was die Leute im Urlaub machen.

Nun erzählen sich deutsche Kollegen ja sehr wohl, wie der Urlaub war, nur vielleicht nicht gerade dem Vorstandsvorsitzenden. In den Niederlanden gibt es aber mehr persönlichen Kontakt zwischen Vorgesetzten und Mitarbeitern, der Abstand ist kleiner. „In den Niederlanden betreibt man eine Art *management by walking around*, der Chef bewegt sich problemlos durch die Belegschaft und spricht auch mit der Putzfrau", so Rita de Ruiter von der niederländischen Botschaft in Berlin. „Jeder zählt mit, auch der Praktikant darf seine Meinung äußern."

Niederländische Chefs schenken ihren Gästen auch schon mal selbst den Kaffee ein, anstatt dafür die Sekretärin zu bemühen. Es ist nicht üblich, sich etwas auf den eigenen Status einzubilden. Auch an der Universität ist der Kontakt eher locker, Dozenten stehen nicht auf dem Podest. Einen Professor kann man ohne weiteres zu Hause anrufen, und sei es nur um zu sagen, daß die Hausarbeit nun doch nicht mehr rechtzeitig fertig wird. Der Dozent kann dafür problemlos zugeben, wenn er etwas nicht weiß, er wird dadurch nicht an Ansehen einbüßen.

Auf formelle Bezeichnungen und Titel wird deutlich weniger Wert gelegt als in Deutschland. Doktor nennt man hier nur den Arzt, und der deutsche „Präsident" ist meist nur ein *voorzitter* (wörtlich Vorsitzender). Das gilt für den Lions Club, aber auch für die deutsch-niederländische Handelskammer. Ein Doktor wird sich am Telefon nie mit seinem Titel melden und auch nie mit „Doktor Sowieso" vorstellen. Man sollte auch nicht mit Hilfe seines Titels versuchen, vorrangig behandelt zu werden. Wer sich wichtig machen will, muß sich erst recht hinten in der Schlange anstellen.

Der akademische Titel *doctorandus* (entspricht dem deutschen Diplom oder Magister) wird meist auf der Visitenkarte angegeben. Das führt oft zu Mißverständnissen, weil die Abkürzung „drs." als niederländische Form des Doktors begriffen wird. Der niederländische Doktor wird wie im Deutschen mit „dr." abgekürzt. Generell spielen Äußerlichkeiten eine geringere Rolle als in Deutschland, auf

* Die folgenden Kapitel mit Dank an das Round-Table-Gespräch am Centrum voor Duitsland Studies in Nimwegen mit Jörg Renner, John Mazeland, Uta Meier, Herman Kogelman und Pieter van der Horst.

Kleidung etwa wird weniger geachtet. Die Niederländer erhalten daher immer den Rat, ihre Schuhe zu putzen, wenn sie einen Termin in Deutschland haben.

Arbeitsklima

Auf ein gutes Arbeitsklima und soziale Kompetenzen wird im allgemeinen großer Wert gelegt. „Der Mensch zählt mehr als die Funktion", hört man oft. „In Deutschland wird man zunächst beurteilt nach der fachlichen Kompetenz und dem Unternehmen, wo man zuvor gearbeitet hat – dann erst nach Persönlichkeit. In den Niederlanden ist es umgekehrt", erklärt Hans Ries, der seit über 30 Jahren in den Niederlanden tätig ist. In Deutschland ist der Respekt vor Leistung und Fachkompetenz sehr viel ausgeprägter. Eine Aussage wie „Der Mann ist zwar ein Schweinehund, aber er weiß, wovon er spricht!" ist in den Niederlanden schwer nachvollziehbar.

Bei Arbeitstreffen ist es sehr wichtig, daß sie in einer angenehmen Atmosphäre stattfinden. Jeder soll sich wohlfühlen. „Man will sich zunächst ein bißchen kennenlernen und dann zur Sache kommen", so Eric Neef, Geschäftsführer der Ems Dollart Region. *Makkelijk met elkaar kunnen omgaan* heißt die Devise, unkompliziert miteinander umgehen können. Das schaffe Vertrauen.

In den Niederlanden darf und soll auch bei bedeutenden Verhandlungen gelacht werden: Witz und Humor gehören überall dazu und stören die Ernsthaftigkeit keineswegs. Selbst Königin Beatrix hat ihre alljährliche Thronrede schon einmal mit einem Scherz begonnen. Für Deutsche ist das ungewöhnlich und wirkt schnell unseriös. Sie lachen dann zwar auch, und der Einzelne mag das Lachen als erleichternd empfinden – aber wenn die anderen sich nicht trauen, auch selbst zu scherzen, wird der niederländische Gast schnell zu einer Art Klassenclown. Das fördert dann wieder die Wahrnehmung der Niederländer als eines skurrilen kleinen Völkchens, das Weltmeister wird im Pfahlhocken und mit derartigen Pressemeldungen regelmäßig unter „Vermischtes" erscheint.

Offizielle Veranstaltungen sind oft weniger steif als in Deutschland. Auch hier sind kleine Scherze erlaubt, und die Begrüßung der anwesenden Ehrengäste fällt deutlich kürzer aus. Meist werden nur die zwei oder drei wichtigsten offiziellen Vertreter namentlich genannt; während in Deutschland eine ganze Liste verlesen wird. Als einmal bei der Einweihung eines grenznahen Straßenabschnitts die anwesenden Gäste von der niederländischen Ministerin nur mit *Hartelijk welkom* begrüßt wurden, war die Empörung groß. Die deutschen Offiziellen fühlten sich vor den Kopf gestoßen. Denn bei uns ist es wichtig, namentlich genannt zu werden und als Vertreter einer Firma oder Behörde in Erscheinung zu treten.

Deutsche finden Niederländer oft locker und unkompliziert, aber das heißt nicht, daß hier alles erlaubt ist. Es gibt eine Reihe ungeschriebener Regeln. So kann ein Praktikant zwar seinen Chef duzen, aber nicht wegen jeder Belanglosigkeit in sein Büro laufen oder Bemerkungen über dessen Privatleben machen. Auch das Maß an Mitbestimmung bleibt letztendlich Sache des Vorgesetzten. Deutsche verstehen die niederländische „Lockerheit" oft falsch, denn die Grenzen sind schwer zu erkennen.

Hierarchie oder Wer entscheidet?

Hierarchische Unterschiede spielen im persönlichen Umgang eine geringere Rolle als in Deutschland, die niederländische Kultur ist geprägt von einer geringen Machtdistanz. Die hierarchische Struktur in einer Organisation wird als eine Art Rollenverteilung gesehen, die praktische Gründe hat und die betriebsinterne Kommunikation erleichtert. Der Dienstweg ist nicht das Dogma, und der Chef ist nicht „mehr wert" als seine Mitarbeiter. Die niederländische Unternehmensberaterin Ada van der Hoogte hat einmal folgende Umschreibung gebraucht: *Een baas is een collega met andere verantwoordelijkheden*, ein Chef ist ein Kollege mit anderen Verantwortlichkeiten. Hierarchie ist also kein Ausdruck verschiedener Klassen, und der Vorgesetzte tritt in der Regel weniger mächtig auf, als er ist.

Abb. 8: Können Sie sich vorstellen, daß Ihr Chef mit dem Fahrrad vorfährt? In den Niederlanden vergäbe er sich damit nichts.

Das hat Folgen für die innerbetriebliche Beschlußfassung und die Art der Kommunikation. Mitarbeiter erwarten, in die Entscheidungsfindung miteinbezogen zu werden. Dafür gibt es das schwer übersetzbare Wort *Overleg*. In derartigen Besprechungen wird versucht, einen Konsens zu erzielen oder einen Kompromiß auszuhandeln. Solche Besprechungen kosten zwar Zeit, dafür gilt der Beschluß dann aber als gemeinsame Linie und wird von allen getragen.

Das führt manchmal zu Mißverständnissen in der deutsch-niederländischen Zusammenarbeit. Sind Meetings oder Besprechungen in den Niederlanden oft nur ein Schritt auf dem Weg der Entscheidungsfindung oder eine Gelegenheit, Informationen auszutauschen, werden Besprechungen in Deutschland eher als Abschluß eines Arbeits-

41

Overleg

Der Begriff *Overleg* hat im Deutschen keine Entsprechung, er wird meist mit „Verhandlung" übersetzt. Treffender wäre jedoch die Umschreibung „gemeinsame Vorüberlegung", denn es handelt sich um eine offene Beratschlagung mehrerer Parteien, die zunächst dem Austausch von Ideen und Meinungen dient. Es sollte zwar eine Einigung erzielt werden, diese kann jedoch relativ vage bleiben. *Overleg* führt also nicht notwendigerweise zu einem verbindlichen, konkreten Beschluß. So kann jeder Teilnehmer das Ergebnis in seinem Sinne interpretieren und hat einen relativ großen Handlungsspielraum. *Overleg* ist daher eine Art Vorstufe, ein Schritt auf dem Weg zu einer Vereinbarung.

Der Begriff wird heute auch ganz allgemein zur Kennzeichnung der niederländischen Wirtschaft und der parlamentarischen Demokratie gebraucht. Die sogenannte *Overleg-democratie* zeichnet sich aus durch Beratschlagung, Konsultation und Kompromißfindung von Regierung und Opposition. (siehe Kästchen Poldermodell)

prozesses gesehen: „Man erwartet klare Entscheidungen, das Abstecken künftiger Ziele und das Verteilen weiterer Arbeit", so Kees Wiechers. Als Vorstandsvorsitzender des niederländischen Essent-Konzerns, der 2001 die ehemaligen Bremer Stadtwerke übernahm, konnte er deutsche und niederländische Unternehmenskulturen im direkten Vergleich beobachten.

„Im niederländischen Management hat sich schon vor 30 Jahren das Modell der 'partizipativen Führung' durchgesetzt", erklärt der Unternehmensberater Pieter van der Horst, „der Vorgesetzte ist zur Unterstützung seiner Mitarbeiter da. Das niederländische Management muß man sich als eine Art umgekehrte Pyramide vorstellen: Der Chef trägt alles, leitet und begleitet. Eine typische Formulierung lautet: *Het dient duidelijk te zijn waar wij naartoe willen*, es muß deutlich sein, wo *wir* hin wollen." In Deutschland werden Entscheidungen tendenziell eher durch den Chef allein vorbereitet und durchgesetzt, in den Niederlanden geschieht das gemeinsam. Nachteil: Man muß ständig im Gespräch sein und aufpassen, daß alle „an Bord" bleiben, und *Over-leg*-Sitzungen können manchmal ziemlich lange dauern.

Weitreichende gesetzliche Unterschiede gibt es in Sachen Unternehmenskontrolle. Der niederländische Aufsichtsrat etwa ist mehr als nur ein Zustimmungsorgan, er unterstützt die Unternehmensführung mit eigenen Vorschlägen. „Wenn Niederländer in deutschen Aufsichtsräten sitzen, langweilen sie sich schnell", so Wiechers, „hier finden keine Diskussionen statt, und das Interessante wurde bereits im Vorfeld erledigt."

Freundliche Anweisungen

In den Niederlanden sind die Hierarchien zwar nicht so deutlich sichtbar wie in Deutschland, aber es gibt sie schon. „Die demokratische Unternehmensführung ist zum Teil nur Schein", stellt die Journalistin Susanne Bergius fest. Auch der niederländische Chef erwartet, daß jeder seine Arbeit erledigt, und man kann sich vorstellen, daß er nicht über alles und jedes diskutieren will. Wie er das macht, ohne feste Aufträge zu geben? Ganz einfach: Er wird die Anweisung als freundliche Bitte formulieren – so, als könne der Betreffende dann immer noch selbst entscheiden, ob er die Sache für sinnvoll hält.

Selbst Generäle erteilen keine Befehle, sondern machen Vorschläge. Das äußert sich dann in Formulierungen wie: „Es wäre schön, wenn", „Könntest du eventuell", „Denkst du nicht auch", „Wäre es nicht eine gute Idee", „Sollen wir nicht". Der andere weiß dann genau, was die Uhr geschlagen hat, und er wird seine Aufgabe erledigen. Wenn etwa ein Abgeordneter zu seinem Referenten sagt: „Ich würde mich freuen, darüber mal eine Vorlage zu lesen", ist das schon fast ein Verweis. Der Angesprochene wird umgehend an seinen Schreibtisch eilen und falls nötig die halbe Nacht darüber sitzen. Und wenn sein Chef in einer Verhandlung schlecht vorbereitet war, bekommt der niederländische Mitarbeiter zu hören: „Ich hätte mich gefreut, darüber schon mal etwas gelesen zu haben." In Deutschland ist man da vielleicht etwas direkter und sagt womöglich: „Sind Sie verrückt, mich so im Regen stehen zu lassen!"

Das gilt auch für das Alltagsleben, etwa beim Bäcker oder in der Kneipe. Bei uns sagt man „Sechs Brötchen, bitte", in den Niederlanden *Mag ik zes broodjes?* – wörtlich übersetzt: Darf ich sechs Brötchen? Ersteres ist eine Aufforderung, die mit einer Bitte abgemildert wird, letzteres eine Frage – die natürlich auch keine ist, aber freundlicher klingt. Ein Bestellung wie „Ich krieg drei Pils!" ist in den Niederlanden undenkbar.

John Mazeland vom *Centrum voor Duitsland Studies* erklärt jedoch, daß die Mitarbeiter oft nur nach ihrer Meinung gefragt werden, um ihnen das Gefühl zu vermitteln, sie könnten mitentscheiden. Also, es klingt alles etwas freundlicher, aber die Absicht ist die gleiche? Hans Ries hält dagegen: „In den Niederlanden wird nicht jeder Beschluß einfach akzeptiert." Es sei für die Unternehmensführung von Vorteil, sich um die Überzeugung der Mitarbeiter zu bemühen, damit alle hinter einem Beschluß stehen und sich voll einsetzen.

Nun kommt es natürlich sehr darauf an, welche Art von Entscheidung ansteht, und man wird überall verschiedene Mitbestimmungsmodelle antreffen. In beiden Ländern gibt es sicher Vorgesetzte, denen an gemeinsamen Entscheidungen liegt, sowie autoritäre Chefs, die sich gerne ein demokratisches Mäntelchen umhängen.

Centrum voor Duitsland Studies, Nijmegen (Nimwegen)

Das *Centrum voor Duitsland Studies* (CDS) im grenznahen Nimwegen feierte 2001 sein zehnjähriges Bestehen. Das CDS ist angegliedert an die Universität Nimwegen und bietet seit 1993 eine postakademische Berufsausbildung an für Unternehmer, Führungskräfte und Beamte. Es gibt auch maßgeschneiderte Seminare über deutsche Unternehmenskultur, Management, Sprache und Kommunikation. Das Zentrum arbeitet eng mit dem Zentrum für Niederlande-Studien in Münster zusammen. Ein binationaler Studiengang kombiniert ein Studium an beiden Universitäten.

(www.kun.nl/cds)

Fachkompetenz

Ein deutlicher Unterschied liegt in der Wertschätzung von Fachkompetenz und allgemeinen Führungsqualitäten. Der deutsche Chef kennt meist alle Einzelheiten seines Produkts, über technische Details kann er erschöpfend Antwort geben. „Das liegt daran, daß deutsche Manager meist aus einer bestimmten Disziplin aufsteigen und sich durch ihr Fachwissen qualifizieren. Daher bleiben sie ungeachtet ihrer Position stark an der Arbeit selbst interessiert", so der Unternehmensberater Robert Ogilvie.

In den Niederlanden ist Fachkompetenz nicht Sache des Chefs, sondern der Fachleute im Betrieb, etwa der Ingenieure. Hier ist es entscheidend, daß der Geschäftsführer alles im Griff hat oder zumindest diesen Eindruck vermittelt. „*Helicopter view* und Pragmatismus sind die wichtigsten Managerqualitäten", so Jörg Renner. Es ist daher für Führungskräfte weniger wichtig, welche Ausbildung sie absolviert haben. MBA-Ausbildungen sind daher in den handelsorientierten Niederlanden viel verbreiteter als in Deutschland mit seiner Tradition von Handwerk und Industrie. Wenn man also einen Termin macht und sich für alle Einzelheiten interessiert, sollte man zuvor den Wunsch einer detaillierten Besprechung äußern oder den entsprechenden niederländischen Ingenieur gleich mit zum Gespräch einladen.

Ein Unterschied ist auch, daß es in den Niederlanden kein duales Ausbildungssystem gibt, das die Lehre in einem Betrieb mit der Berufsschule kombiniert. Statt dessen besucht man nur die Berufsschule, begleitet von Praktika. Daher geht die Berufsausbildung in den Niederlanden größtenteils zu Lasten des Staats, während in Deutschland die Betriebe mehr Kosten übernehmen.

Deutsch-niederländische Verhandlungen

Die Art der Verhandlungsführung ist wohl immer von persönlichen Fähigkeiten und Vorlieben abhängig, und ein Gespräch mit Kunden läuft anders als das mit Lieferanten. Dennoch gibt es einige Punkte, in denen die deutsche und die niederländische Unternehmenskultur generell voneinander abweichen.

Ein großer Unterschied liegt in den Befugnissen der Teilnehmer. Niederländer haben oft ein weitreichendes Mandat, Deutsche eher nicht. Wim Maarse, Leiter der Wirtschaftsabteilung in der niederländischen Botschaft, erläutert: „Wenn ein Deutscher am Ende einer Verhandlung sagt, er müsse die Vereinbarung noch mit seinem Chef abklären, dann heißt das in der Regel, daß er hinter dem Ergebnis steht. Er muß wirklich erst die Zustimmung des Chefs einholen. Wenn ein Niederländer hingegen sagt, er müsse das Ergebnis erst abklären, kann das bedeuten, daß er nicht damit einverstanden ist, dies aber lieber durch seinen Chef verkünden läßt. Wenn ein Niederländer einverstanden ist, wird er eher etwas sagen wie: 'Alles in Ordnung, ich werde meinem Chef das Ergebnis mitteilen.'"

In Deutschland ist es üblich, daß zu Beginn einer Zusammenarbeit zunächst der Geschäftsführer persönlich anreist und Kontakt aufnimmt. Er bespricht die wichtigsten Punkte, legt den Rahmen fest und delegiert dann an die ausführenden Mitarbeiter. In den Niederlanden läuft es genau umgekehrt: Erst erfolgt eine Kontaktaufnahme durch die Ausführenden, dann ein Bericht an den Chef.

Das gilt auch für die behördliche Zusammenarbeit. Im Zuge der Planung eines neuen Straßenabschnitts in der deutsch-niederländischen Grenzregion etwa baten niederländische Beamte ihre deutschen Kollegen um Material. Diese lehnten es jedoch ab, „einfach so" etwas aus der Hand zu geben, und legten das Ganze ihrem Bürgermeister vor. Der erkundigte sich dann bei seinem niederländischen Kollegen über die Angelegenheit. Nun muß man wissen, daß ein niederländischer Bürgermeister eher eine übergeordnete Funktion hat und konkrete Dinge wie den Straßenbau in der Regel einem *wethouder* (Beigeordneten) überläßt. Der niederländische Bürgermeister war dann entsprechend erstaunt.

Man sollte also nicht davon ausgehen, daß ähnlich lautende Rangbezeichnungen auch Auskunft geben über die Befugnisse und Aufgaben. Manchmal ist es besser, sich im Vorhinein zu erkundigen, wer wofür zuständig ist (etwa bei den Euregio-Büros). Und wenn nicht gleich der Chef anreist, sollte man als Deutscher nicht glauben, die Niederländer seien nicht interessiert.

Auch die Art, an Verhandlungen heranzugehen, kollidiert: In den Niederlanden ist man eher prozeßorientiert und pragmatisch, in Deutschland ergebnisorientiert und problembewußt. „Deutsche sind sehr systematisch", so Lily Sprangers, „sie verständigen sich zunächst über die Voraussetzungen und Ausgangspunkte, damit klar ist, daß alle über das gleiche sprechen. Dann beginnt erst die inhaltliche Diskussion. Hier in den Niederlanden kommt man direkt zur Sache, und manchmal wird auch über alles gleichzeitig geredet. Gerade spricht man noch über Herstellung und Produktionskosten, dann schon über den Absatzmarkt, und zwischendurch hat man noch eine gute Werbeidee. Das kann manchmal recht chaotisch wirken. Man ist nicht systematisch, sondern assoziativ. Dabei geht es meist schnell und gut voran. Allerdings kann es auch zu Mißverständnissen kommen, weil man die Ausgangsbedingungen zuvor nicht geklärt hat."

Voraussetzung einer gelungenen Verhandlung „auf niederländisch" ist die Bereitschaft beider Seiten, ein Stück weit nachzugeben. „Wechselgeld mitnehmen" heißt das, wie Han van der Horst in seinem Buch über die niederländische Mentalität erklärt. „Ohne dieses Wechselgeld erreicht man in den Niederlanden nicht viel. Das gilt für die große Politik wie für den Sportverein, den Schulvorstand oder eine uni-

Abb. 9: Rosen aus Amsterdam. Auch dank ihrer erfolgreichen Vermarktung von Zierblumen haben die Niederlande eine positive Handelsbilanz mit Deutschland. Aalsmeer bietet die größte Blumenbörse der Welt.

versitäre Fachgruppe. Alle Betroffenen sind daran gewöhnt, ihre Meinung sagen zu dürfen, und wollen diese dann auch im schließlich gefaßten Beschluß wieder finden." Man strebt nach einer *Win-win*-Situation, jeder muß am Ende zufrieden sein mit dem Ergebnis. Auch vom Vorsitzenden oder Chef wird erwartet, daß er sich als Gesprächspartner zeigt. Es sollte also zunächst ein grundsätzliches Einverständnis darüber vorliegen, daß man überhaupt zu einer Einigung kommen will. *Agree to agree*, um gleich noch einen englischen Ausdruck zu gebrauchen, steht am Anfang jeder Verhandlung.

Ihre deutschen Gesprächspartner erleben Niederländer oft als störrisch und wenig bereit, einzulenken oder nachzugeben. Den Deutschen wird nachgesagt, sie hätten immer ein fest umrissenes Ziel, auf das sie direkt zupreschen und das sie mit aller Macht erreichen wollen. Niederländer definieren zuvor zwar auch einen Gewinnbereich oder Marge, die sie erreichen wollen – aber sie sind dann sehr flexibel in der Annäherung an dieses Ziel. Das heißt, sie versuchen, es in mehreren Schritten zu erreichen, oder sie können mitten in der Verhandlung die Strategie wechseln. Wenn der direkte Weg verbaut ist, nähert man sich dem Ziel eben auf Umwegen.

Wie das geht? Etwa indem auf mehreren Ebenen parallel verhandelt oder über mehrere Aspekte zugleich gesprochen wird. Diskutiert man etwa über den Preis, geht es ja nicht nur um den Preis pro Tonne, sondern auch um Lieferkonditionen, Höhe der Abnahme, Zeitrahmen etc. Man sollte also aufpassen, wenn man über mehrere Dinge gleichzeitig spricht, und die Hintertürchen schließen, bevor man sich auf ein Zugeständnis einläßt. Denn was Strategie angeht, sind die *overleg*-geübten Niederländer schwer zu schlagen!

Einhaltung von Absprachen

Soll man nun alles ganz genau festlegen und bis ins Detail besprechen? Auch hier gibt es Unterschiede. Aus niederländischer Sicht haben Deutsche die Neigung, auch die kleinsten Einzelheiten im vorhinein zu besprechen, alle Eventualitäten zu bedenken und das Ganze dann in einem seitenlangen Protokoll festzuhalten. Sie selbst besprechen tendenziell nur das Nötigste – alles festlegen zu wollen, weckt eher Mißtrauen. „Deutsche Geschäftspartner haben ein viel höheres Bedürfnis nach schriftlich festgelegten Regeln und klaren Zielstellungen", so Jörg Renner, „Abweichungen davon werden als unangenehm und erklärungsbedürftig erfahren".

Bei uns versucht man, jedes Risiko möglichst schon im vorhinein auszuschalten, Niederländer hingegen nehmen Soll-Ist-Abweichungen eher als Normalität hin. Sie sind daher wenig bereit, im Vorfeld alles genauestens zu planen. Hier hört man oft Ausdrücke wie: *dat komt wel goed, daar praten we nog over, dat zien we wel, laten we maar beginnen, de rest komt wel* – wir werden sehen, wir fangen erst mal an, der Rest wird sich dann schon ergeben. Weil die Dinge nicht bis ins Detail festgelegt werden, ist ein größeres Maß an Vertrauen notwendig. Man muß sich schließlich darauf verlassen können, daß eventuell auftretende Probleme auch wirklich gelöst werden.

Auch vom deutschen Geschäftspartner wird ein gewisses Maß an Vertrauen erwartet. Ein gute Lösung ist es jedoch, so Lily Sprangers, ein kurzes Ergebnisprotokoll anzufertigen, auf niederländisch *verslagje met actiepunten*. Man legt fest, wer was bis wann macht, und schickt es nachher an alle Beteiligten. So weiß jeder, was von ihm erwartet wird und was er von den Anderen erwarten kann.

Niederländische Geschäftsleute sind aber nicht nur gut im Evaluieren und Anpassen, sie stellen auch gerne das zuvor Besprochene wieder in Frage. *Heroverwegingscultuur* nennt Dik Linthout dieses Phänomen – in etwa zu umschreiben als „noch einmal zur Diskussion stellen". Und zwar nicht nur, wenn sich die Umstände geändert haben, sondern auch schon am nächsten Tag, erklärt Lily Sprangers. Nach dem Motto: „Wir haben noch mal darüber nachgedacht, und wir finden es nun doch besser, die Sache anders anzupacken." Dann muß man wieder gemeinsam *overleggen*, denn die Zweifler werden durchaus ernst genommen. Aber so kommt man ja nie auf einen grünen Zweig, denken Sie? Nein, so schlimm ist es auch wieder nicht. Alles hat seine Grenzen, und nur bei gewichtigen Dingen wird tatsächlich noch einmal von vorne angefangen.

Und noch ein kleiner Tip zum Schluß: Einige Zeit nach der Absprache beim Geschäftspartner anrufen und freundlich fragen, wie es läuft – nach dem Motto: „Ist alles so zu realisieren, wie wir es uns vorgestellt haben; haben sich unsere Vereinbarungen als sinnvoll und praktikabel erwiesen, hat sich vielleicht noch eine Änderung ergeben?"

Probleme und Kritik

Wenn es Probleme gibt oder Ärgernisse auftreten, werden diese direkt angesprochen. Widerspruch und Kritik sind zugelassen, und wenn etwas nicht klappt, schafft man das Problem möglichst gemeinsam aus der Welt. Obwohl Kritik in den Niederlanden also relativ direkt geäußert wird, bemüht man sich immer, nicht persönlich zu werden und keine Schuldzuweisungen vorzunehmen. Die angemessene Form der Kritik ist daher eine Kombination aus Direktheit in bezug auf die Sache und Vorsicht in bezug auf die Person. Es gilt die ungeschriebene Regel, sein Gegenüber nicht bloßzustellen.

Dennoch empfinden Deutsche die Niederländer oft als ungewöhnlich direkt, manchmal sogar als unhöflich. Dies liegt jedoch nicht an mangelnden Umgangsformen, sondern ist auf den niederländischen Pragmatismus zurückzuführen. Man kommt sofort auf den Kern der Sache zu sprechen. Es gibt ein Problem? Okay, schaffen wir es aus der Welt, schnell und ohne Umwege. Dafür ist man dann sogar bereit, sich über vieles hinwegzusetzen, Traditionen oder Hierarchien – Hauptsache, das Ziel wird erreicht. Das bringt etwa für die niederländisch-belgischen Beziehungen enorme Probleme mit sich, da die Belgier meist viel zurückhaltender sind und sich von den Niederländern regelmäßig „überfahren" fühlen.

Diskussionsstil, Bildung, Rhetorik

Auch der Diskussionsstil ist auf den ersten Blick widersprüchlich. Auf der einen Seite ist man offen und sagt, was man denkt, auf der anderen

Seite wird Zurückhaltung geübt, indem man nur indirekt Vorschläge macht. Deutsche haben eher die Neigung, offensiv ihre Themen zu verteidigen und dominant aufzutreten. Da hört man schnell einen Satz wie: „Ich hab's, so müssen wir es machen, das ist die Lösung!" Die deutsche Art zu diskutieren ist viel eindeutiger. Man hat einen klaren Standpunkt, vertritt ihn wortreich und wirft sein ganzes Gewicht in die Waagschale.

Politische Debatten, wie sie im deutschen Bundestag geführt werden, sind in den Niederlanden undenkbar. Hier macht man eher Angebote, außerdem wird der eigene Beitrag immer mit Witz und Selbstironie gewürzt. „Nur wer kritische oder noch besser leicht ironische Distanz zur eigenen Argumentation zur Schau stellen kann, wird wirklich ernst genommen", erklärt Bernd Müller. Verbale Demonstrationen der eigenen Leistung oder Überlegenheit kommen daher schlecht an. Auch was die Wortwahl und Rhetorik angeht, sollte man sich zurückhalten. Redner, die sich selbst zu wichtig nehmen, wirken schnell lächerlich. Dazu gehört auch, mit lateinischen Zitaten aufzutrumpfen oder staatsmännische Gewährsleute anzuführen. Statt mit „Schon Adenauer hat erkannt" beginnen Sie Ihre Rede besser mit „Mein Großvater sagte immer".

Den Deutschen eilt der Ruf voraus, sich immer mit ihrem Wissen hervortun zu wollen: „Wenn ein Niederländer eine Frage stellt, dann will er etwas wissen. Wenn ein Deutscher eine Frage stellt, holt er zunächst weit aus, um zu zeigen, was er alles weiß, und die eigentliche Frage ist dann gar keine Frage", wundert sich ein Niederländer, der jahrelang in Deutschland gelebt hat. „Fachjargon oder Expertensprache stehen nicht hoch im Kurs", erklärt auch Dik Linthout. Es gibt daher vergleichsweise wenig Fremdwörter, und von Wissenschaftlern wird erwartet, daß sie selbst die kompliziertesten Zusammenhänge mit einfachen Worten erklären können. Alles muß verständlich sein, eine eloquente Rede oder Darstellung wird schnell als elitär verurteilt.

Das gilt auch für die Fernsehnachrichten. Am deutlichsten wird der Unterschied bei den öffentlich-rechtlichen Programmen beider Länder. Viele Niederländer sehen mit Vorliebe die Tagesschau und rühmen das hohe Niveau der Berichterstattung. Niederländische Fernsehjournalisten hingegen können es nicht fassen, wie elitär und altmodisch die ARD ist. „Die Hälfte der Bevölkerung versteht gar nicht, worum es geht", kritisiert der frühere Deutschlandkorrespondent Len Middelbeek, „und dann werden die Nachrichten doch tatsächlich noch vom Blatt gelesen." (Statt von einem Bildschirm, der für den Zuschauer unsichtbar so angebracht ist, daß der Sprecher in Richtung Kamera blickt und den Zuschauer anschaut).

Die niederländischen Nachrichten sind, was Sprache und Inhalt betrifft, sehr viel einfacher formuliert. Kurze Sätze, kaum Fremdwörter, alles wird erklärt und soll auch für den weniger gebildeten Zuschauer verständlich sein. Auch die Themenauswahl ist anders gewichtet. Während in Deutschland ausführlich über nationale und internationale Politik berichtet wird, sind in den niederländischen Nachrichten auch „weiche", gesellschaftliche Themen von großem Belang.

Reichtum und Luxus

Die niederländische Gesellschaft ist geprägt durch einen starken Egalitarismus. Wenn man über besondere Begabung, Qualifikation oder Reichtum verfügt, ist es nicht üblich, dies zu zeigen. Ein Abschluß aus

Architektur

In der innovativen Architekturszene sind niederländische Büros stark vertreten mit Namen wie OMA/Rem Koolhaas, Jo Coenen, Lars Spuybroek mit seinem Büro NOX, UN Studios von Van Berkel und Bos, Mecanoo, MVRDV (niederländischer Pavillon Expo/Hannover) und west8.

Die Niederländer blicken zurück auf eine berühmte Tradition, aber sie scheinen sich nicht auszuruhen auf Renaissance-Bauten, Amsterdamer Schule, De Stijl, Art-Deco oder der Postmoderne. Mit computergestützter Entwurfsarchitektur haben sie eine neue Formensprache gefunden, die weltweit Interesse weckt. Ein durchgehender Stil ist bei der „Computerarchitektur" nicht auszumachen, aber viele Projekte vereint eine fließende Architektur mit skulpturalen Formen. Bevorzugt werden dabei Materialien, die Bewegung und Veränderung zulassen und oft blasenartig und amorph wirken.

Ein gutes Beispiel ist Lars Spuybroeks 1997 fertiggestellter „Waterpaviljoen" auf der künstlichen Insel Neeltje Jans. Das Gebäude beherbergt ein Wassermuseum, und dieser Zweck spiegelt sich durch die Tropfengestalt auch formal wider.

Die Architekten der „Zweiten Moderne" setzen dank der Technik nicht nur ästhetisch ungewöhnliche Maßstäbe, sie richten sich bei den Entwürfen auch nach den zu erwartenden Besucherströmen, dem Verkehrsaufkommen und den klimatischen Bedingungen. Diesbezügliche digital berechnete Informationen lassen sie in ihre Entwürfe direkt einfließen.

Abb. 10: Die Kubuswohnungen des Architekten Piet Blom in Rotterdam.

Für Furore sorgten die Pläne von Rem Koolhaas für die neue Niederländische Botschaft in Berlin. Koolhaas hat mit seiner Idee eines „kontextualisierten Solitärs" einen würfelförmigen Bau direkt an der Spree entworfen, bei dem der gesamte Baukörper von einem Trajekt durchzogen wird, der alle gemeinschaftlichen Räume, alle Geschosse und das begehbare Dach mit der Straße verbindet. Die strenge Aufteilung wird durch Halbgeschosse unterbrochen, die Glastafeln der Fassade stehen im Kontrast zum dahinterliegenden Betongerüst. Eine benachbarte Brandwand kann entweder als Medienbildwand oder als Spiegel genutzt werden.

Fließende Übergänge und Transformationen sind in jedem Fall entscheidende Kriterien für die aktuellen Strömungen niederländischer Architektur. Die Niederländer scheinen weniger am historisch-architektonischen Erbe zu kleben, allerdings stoßen sie wohl auch auf weniger Restriktionen und Vorgaben von staatlicher Seite – ein Konzept, das offensichtlich aufgeht und auch in Zukunft für eine spannende Architektur sorgen wird.

Ulrike Schwabe

Abb. 11: Modell der neuen Niederländischen Botschaft in Berlin.

Stanford? Da wird man doch gleich mißtrauisch. Mal sehen, ob der kluge „Student" auch wirklich soviel drauf hat. Ist der Student jedoch klug genug, nicht mit seinem Diplom hausieren zu gehen, werden seine neuen Kollegen das sehr schätzen. Er braucht sich ja nur an die üblichen Formulierungen zu halten: „vielleicht könnte man", „wäre es nicht eine gute Idee", etc.

Doe maar gewoon, dan doe je al gek genoeg ist eine der bekanntesten niederländischen Maximen – benimm dich normal, das ist schon verrückt genug. Bescheidenheit und Zurückhaltung sind die Norm. *Low profile*-Benehmen ist auch den Deutschen anzuraten, die mit Niederländern zu tun haben. Gerade im informellen Gespräch tun sich hier oft Abgründe auf. Etwa wenn der deutsche Geschäftsbesuch von seinem neuen Eigenheim erzählt, mit Sauna im Keller und großem Garten. Viele niederländische Häuser haben gar keinen Keller, und so ein unnötiger Luxus wie eine Sauna ist eher ungewöhnlich. Hier macht sich die calvinistische Zurückhaltung bemerkbar. Zwar ändern sich die Dinge langsam, aber es gehörte lange Zeit zum guten Ton, bescheiden zu wohnen. Und es ist traditionell unüblich, über den eigenen Besitz zu sprechen.

Ein beliebtes Fettnäpfchen für Deutsche ist daher das Ferienhaus in Seeland oder das Boot am IJsselmeer. Halten Sie sich zurück! Die Niederländer haben das ja auch alles – aber es ist unklug, solche Dinge schon beim ersten Kontakt zu erwähnen, rät die Marktforscherin Uta Meier. Der deutsche Gast meint das wahrscheinlich gar nicht so, er will nur sagen: „Mir gefällt es bei Euch in Holland, ich bin oft hier, und daher habe ich mir sogar ein Häuschen angeschafft." Wenn man sich etwas besser kennt, kann man das selbstverständlich erzählen, aber nicht bei der ersten Begegnung. Tiefstapeln kommt besser an.

Teure Autos, Luxusvillen und Schmuck gelten in den Niederlanden generell als protzig, Luxusartikeln haftet schnell der Makel des Ordinären an. Rolex-Uhren tragen nur Neureiche, und ein Mercedes-Cabrio, ach, das paßt doch eher zu einem Nachtclubbesitzer. Man stolziert auch nicht sonntags nachmittags mit Hut, Pelz und passendem Hündchen durch die Stadt, wie das in einigen rheinischen Städten üblich ist. Wenn sonntags auf der Düsseldorfer Königsallee die herausgeputzten Damen aus ihren Jaguars steigen und an den Schaufenstern entlang stöckeln, so ist das für Niederländer zumindest ungewohnt. Und das liegt nicht daran, daß man dort keine Sonnenbänke kennt.

Nun macht Geld ausgeben natürlich auch in den Niederlanden Spaß, und besonders qualifizierte Mitarbeiter sind ein Gewinn für das

Abb. 12: Im Klischee steckt auch Wahrheit: Der Egalitarismus sorgt für eine Angleichung der äußeren Formen.

ganze Unternehmen. Gerade die jüngere Generation lehnt diese Gleichmacherei ab, hier vollzieht sich ein deutlicher Umbruch: Die Zahl „sportlicher" Alfa Romeos auf den Straßen nimmt zu. Die Marken Mercedes und BMW sieht man seltener – aber ein Saab oder Volvo wird von den Nachbarn durchaus akzeptiert.

Essen

Auch in bezug auf die Eßkultur war die calvinistische Nüchternheit von großem Einfluß. Etwas vereinfacht kann man sagen: Essen muß satt machen, darf nicht viel kosten und sollte vor allem die Arbeit nicht beeinträchtigen. Es ist daher nicht üblich, mittags eine üppige warme Mahlzeit zu verzehren oder Alkohol zu trinken. Das kostet viel Zeit und macht nur müde. In den Großstädten gibt es eine ganze Reihe von kleinen Cafés, in denen sich mittags Geschäftsleute gegenüber sitzen und ein Brötchen essen. Dazu ist es absolut üblich, ein Glas Milch zu trinken, oft auch Buttermilch. „Lunch" heißt diese niederländische Mittagsmahlzeit, ausgesprochen wie „lünch". Meist wird am Abend warm gegessen, und zwar in der Regel schon gegen 18.00 Uhr.

Nun sind sich die Niederländer durchaus darüber im klaren, daß

Kaffee und protestantisches Arbeitsethos

Im 17. Jahrhundert begann der Siegeszug des Kaffees in Europa. Vorreiter des Kaffeegenusses waren die protestantischen Länder, wo man das neue Getränk als den „großen Ernüchterer" begrüßte. Bier und Wein, Symbole des Müßiggangs, wurden abgelöst durch die Modegetränke Kaffee, Tee und Kakao – was in der Tat die Ernüchterung großer Teile der Bevölkerung beförderte.

Dem Kaffee wurde noch eine zweite Eigenschaft zugeschrieben, die dem protestantischen Arbeitsethos sehr entgegenkam: seine anti-erotische Wirkung. Die Belebung des Geistes sollte die des Geschlechts ersetzen, endlich war ein Mittel gefunden, die arbeitsschädlichen Einflüsse des Rausches und der sexuellen Erregung zu bannen. Das waren für eine bürgerliche, vernunftorientierte Handelsnation entscheidende Vorteile, und der Kaffee wurde *das* calvinistische Getränk schlechthin. Zur gleichen Zeit setzte sich in England übrigens der Tee durch.

Quelle: Wolfgang Schivelbusch: Das Paradies, der Geschmack und die Vernunft. Eine Geschichte der Genußmittel. Frankfurt a. Main 1990.

in anderen Ländern mittags warm gegessen wird. Es käme ihnen aber nicht in den Sinn, deshalb ihre Gewohnheiten zu ändern. Oder zu überlegen, daß der Gast sich vielleicht wohler fühlen könnte, wenn man seinen Magen – bekanntermaßen ja ein sehr gewöhnungsabhängiges Organ – mittags mit Fleisch und Beilagen erfreut. Auch hochrangiger Besuch muß sich oft mit einem Käsebrötchen und Buttermilch begnügen. Also nehmen Sie es nicht persönlich.

Das niederländische Nationalgetränk scheint der Kaffee zu sein. Kein Gespräch ohne Kaffee, Kaffee wird zu jeder Tageszeit getrunken. Wundern Sie sich also nicht, wenn man Ihnen abends um halb neun noch eine Tasse anbietet. Es heißt, die Niederlande hätten den weltweit höchsten Kaffeekonsum pro Kopf. Denn Kaffee ist für alles gut. Festgefahrene Verhandlungen oder peinliche Gesprächssituationen, etwa bei Familienfesten, werden gerne entschärft mit der aufgesetzt fröhlichen Frage *Wil er nog iemand koffie?* Möchte noch jemand Kaffee? Man hält kurz inne, gießt jedem ein Täßchen ein – und gleich sieht die Welt wieder viel freundlicher aus.

Das mag nun alles etwas übertrieben klingen, und beschreibt in der Tat auch nur die grobe Richtung. In den südlichen Provinzen wird mehr Wert auf gutes Essen gelegt, und im ganzen Land gibt es Restau-

Koninklijk Huwelijk 02 02 2002

Willem-
Alexander
Máxima

Koninklijk Huwelijk 02 02 2002 Koninklijk Huwelijk 02 02 2002
Nederland 0,39 Euro Nederland 0,39 Euro

Abb. 13: Mit Staunen registrierten die Niederländer das deutsche Interesse an ihrer umjubelten königlichen Hochzeit. Alle Fernsehkanäle berichteten. In der Würdigung des Ereignisses blieb man sachlich gedämpft. In Belgien liebt man es klassischer (siehe dort).

rants, in denen man mittags eine warme Mahlzeit bekommt. Aber es ist eben weniger üblich. Vielleicht ist es ein guter Tip, wenn Sie Ihren niederländischen Gast – dessen Magen ja ebenso gewöhnungsabhängig ist wie der Ihrige – mittags nicht mit einem opulenten Mahl quälen. Mit einer Einladung zum Abendessen in ein gutes Restaurant kann man hingegen nichts falsch machen.

Achtung: Es ist eher unüblich, daß jeder einzeln bezahlt. Meist wird zusammengelegt, ganz im Widerspruch zu dem Ausdruck *Dutch treat*, der ja gerade das getrennte Bezahlen meint. Und wenn man in

Niederländische Literatur

Wenn man ein Land besser kennenlernen möchte und doch am liebsten zu Hause am Kamin sitzt, bietet sich das sogenannte „armchair-travelling" an: man liest ein Buch. Und an niederländischer Literatur in deutscher Übersetzung ist wahrlich kein Mangel, seit die Niederlande und Flandern 1993 Schwerpunktthema der Frankfurter Buchmesse waren und große Erfolge verzeichneten.

Umtriebige Verleger, gute Übersetzer und begeisterte Leser sorgen dafür, daß nicht nur die großen Namen wie Harry Mulisch oder Cees Nooteboom erfolgreich sind, sondern auch eine ganze Reihe anderer Autoren und vor allem Autorinnen. Zu ihnen zählen Hella Haasse, Tessa de Loo, Leon de Winter, Margriet de Moor, Arnon Grunberg und Connie Palmen. Bekannte flämische Autoren sind Hugo Claus, Louis Paul Boon, Tom Lanoye und Erwin Mortier (s. auch Kapitel Belgien).

Mulisch, der in den Niederlanden mit Literaturpreisen überhäuft wird, ist in Deutschland vor allem durch seine Romane „Das Attentat" und „Die Entdeckung des Himmels" bekannt geworden. Die Verkaufszahlen der niederländischen Bücher sprechen für sich: Mit 350.000 verkauften Exemplaren war etwa „Die Entdeckung des Himmels" ein Riesenerfolg, gleiches gilt für Nootebooms „Rituale" (300.000).

Ein weiterer Tip ist „Die Dunkelkammer des Damokles" von Willem Frederik Hermans – ein spannender Roman, der nuanciert mit den Themen Besatzung und Kollaboration umgeht. Das Buch ist bereits Ende der fünfziger Jahre in den Niederlanden erschienen und hat zunächst einen Skandal ausgelöst, weil der niederländische Widerstand so schlecht wegkommt. Es ist aber nun seit langem schon Schullektüre, fast jeder hat es gelesen. Der 1995 verstorbene Hermans genießt in den Niederlanden mindestens so viel Ansehen wie der oft wegen seiner Eitelkeit belächelte Mulisch.

Ein deutscher Verleger, der sich jahrelang für niederländische Literatur in Deutschland stark gemacht hat, arbeitet inzwischen sogar im Nachbarland. Christoph Buchwald, ehemals für die deutschen Verlage Claassen, Hanser, Luchterhand und Suhrkamp tätig, hat 2001 die Leitung des Amsterdamer Kultur- und Veranstaltungszentrums „De Balie" übernommen.

Angaben

Harry Mulisch: Das Attentat. Lieferbar als Rowohlt Taschenbuch. Reinbek bei Hamburg 2000; Die Entdeckung des Himmels. Lieferbar als Rowohlt Taschenbuch, Reinbek bei Hamburg 1998.
Willem Frederik Hermans: Die Dunkelkammer des Damokles. Lieferbar als gebundene Ausgabe bei Kiepenheuer, Leipzig 2001.

der Kneipe steht und gemeinsam etwas trinkt, werden abwechselnd Runden gegeben. In der Regel bestellt man diese Runden direkt an der Theke, denn in den meisten Kneipen ist es nicht üblich, daß ein Ober zum Tisch kommt. Das heißt dann nicht, daß man Sie als deutschen Gast links liegen läßt.

Ein gutes Team

Beim Lesen haben Sie vielleicht manches Mal gedacht: Das ist doch ganz selbstverständlich, das ist doch das kleine Einmaleins des guten Benehmens. Vielleicht hatten Sie auch den Eindruck: Ganz so unterschiedlich sind wir nun auch wieder nicht, Holland ist doch nicht Asien. Natürlich sind die Übereinstimmungen zwischen beiden Ländern größer als die Unterschiede. „Deutschland und die Niederlande haben eine vergleichbare politische Orientierung, ähnliche Vorstellungen über die Einrichtung des Sozialstaates und ziehen auch in der Außenpolitik an einem Strang", so Ton Nijhuis vom *Duitsland Instituut Amsterdam*. „Aber gerade dadurch wird manchmal vergessen, daß es auch einige Unterschiede gibt."

Nun braucht man nicht ewig Probleme zu wälzen, und im Grunde verläuft die Zusammenarbeit zwischen Deutschen und Niederländern ausgesprochen gut, gerade in der Wirtschaft. Die befragten niederländischen Geschäftsleute versichern ohne Ausnahme, daß sie die Zusammenarbeit mit Deutschen außerordentlich schätzen. Es wird als angenehm empfunden, daß man Absprachen konsequent einhält und umsetzt, außerdem wird die Termintreue gelobt.

Die vorherigen Seiten sind daher eher als eine Art Aufbaukurs anzusehen. Wenn man auf diese Dinge achtet, kann man in den Niederlanden angenehme Geschäftspartner kennenlernen und sehr viel erreichen.

Und wenn man sich der Unterschiede bewußt ist, lassen sich die

Duitsland Instituut Amsterdam

1996 wurde das *Duitsland Instituut Amsterdam* (DIA) eröffnet, finanziert vom niederländischen Bildungsministerium, der Universiteit van Amsterdam und seit 2001 auch vom DAAD. Hier werden regelmäßig Veranstaltungen und Debatten organisiert, und es gibt ein gut ausgestattetes, für jedermann zugängliches Dokumentationszentrum. Das DIA fördert in einem eigenen Graduiertenkolleg die wissenschaftliche Beschäftigung mit Deutschland und entwickelt neue Lehrmaterialien für den Schulunterricht. Außerdem obliegt dem Institut die Koordinierung des Deutschlandprogramms der niederländischen Regierung und der Website „Duitslandweb".

(www.uva.dia.nl; www.duitslandweb.nl)

jeweiligen Vorteile sehr gut nutzen. Etwa bei Unternehmensfusionen oder internationalen Unternehmen. John Mazeland vom *Centrum voor Duitsland Studies* in Nimwegen rät daher, von den unterschiedlichen Fähigkeiten der Deutschen und Niederländer zu profitieren. „Wenn beide zusammenarbeiten, ergänzen sie sich bestens: Marketing und Dienstleistung aus den Niederlanden kombiniert mit deutscher Fachkompetenz – das ist ein unschlagbares Team."

Auch hier gilt: Gewisse Spannungen sind unvermeidlich, das gehört einfach dazu. Aber man kann immer versuchen, den Dingen mit Humor zu begegnen. Die Kunst, wohlwollend zu sticheln, sollte man ruhig pflegen. „Wir ärgern uns – in aller Freundschaft", schlägt Bernd Müller vor.

Eigene Notizen

Eigene Notizen

Belgien

Offizieller Name: Königreich Belgien (niederl.: België; frz.: Belgique)
Staatsform: Parlamentarische Monarchie seit 1831
Staatsoberhaupt: König Albert II., seit 1993
Verwaltung: 3 Regionen mit Parlamenten: Flandern, Wallonien und die
    Hauptstadtregion Brüssel; außerdem Rat der französischen Ge-
    meinschaft und Rat der deutschsprachigen Gemeinschaft; 10
    Provinzen (siehe Karte)
Amtssprachen: Niederländisch, Französisch, Deutsch
Fläche: 30.528 km^2

Einwohner: 10.263.414 = 336 je km^2 (2001)
    Flämische Region: 5.952.552, Wallonische Region: 3.346.457,
    Agglomeration Brüssel: 964.405
ausländische Bevölkerung: 861.685 (8,4 % der Bevölkerung): 262.771
    in Brüssel, 280.962 in Flandern, 317.952 in Wallonien (insge-
    samt ca. 60 % aus EU-Staaten)
Hauptstadt: Brüssel (Brussel/Bruxelles) (134.395 Einwohner)
Premierminister: Guy Verhofstadt (VLD), seit 1999 Koalition aus Libera-
    len – Sozialisten – Grünen

staatliche Feiertage (die Feiertage der Gemeinschaften und Regionen
    sind keine arbeitsfreien, sondern nur schulfreie Tage):
21. Juli: Nationalfeiertag des Föderalstaates zur Erinnerung an die Ver-
    eidigung des ersten belgischen Königs auf die Verfassung von
    1831
11. November: Tag des Waffenstillstands von 1918
Feiertag der Region Brüssel-Hauptstadt: Letzter Sonntag im April
Feiertag der Flämischen Gemeinschaft: 11. Juli (Schlacht der goldenen
    Sporen bei Kortrijk 1302)
Feiertag der Französischen Gemeinschaft: 27. September (belgische
    Revolution 1830)
Feiertag der Wallonischen Region: Dritter Sonntag im September
Feiertag der deutschsprachigen Gemeinschaft: 15. November (auch Tag
    des Königs)
weitere arbeitsfreie Feiertage: 1. Januar, Ostermontag, 1. Mai (Tag der
    Arbeit), Christi Himmelfahrt, Pfingstmontag, 15. August (Mariä
    Himmelfahrt), 1. November (Allerheiligen), 25./26. Dezember
6. Dezember: Sinterklaasfest (Geschenke für die Kinder, nicht arbeits-
    frei).

Quellen: Statistisches Bundesamt Belgien (www.statbel.fgov.be)
Belgium Federal Government on line
(www.belgium.fgov.be/debelgen/07004.htm)

Ein schiefes Bild

Geben Sie zu, bei dem Stichwort „Belgien" denken Sie nicht zuerst an schicke Läden, moderne Kunst, ein gut funktionierendes Sozialsystem oder beste Ausbildungsmöglichkeiten. Und daß die Produktivitätsrate der belgischen Arbeiter eine der höchsten in Europa ist, zählt bei uns auch nicht unbedingt zum Allgemeinwissen. Eher denkt man an negative Schlagzeilen: Nahrungsmittelskandale, Korruption, die Affäre Dutroux. Und natürlich an die regelmäßigen Unkenrufe, der belgische Staat stehe kurz vor der Auflösung.

In Wirtschaftskreisen genießt Belgien als Standort dagegen höchstes Ansehen. Es gibt eine lange Tradition enger deutsch-belgischer Zusammenarbeit, Belgien ist der sechstgrößte Handelspartner Deutschlands, die Höhe deutscher Investitionen im Nachbarland spricht für sich. Wie kommt es zu diesem schiefen Bild? Wie ist diese Diskrepanz zwischen Vorstellung und Realität zu erklären?

Man würde es sich zu leicht machen, das Phänomen einzig und allein den Medien in die Schuhe zu schieben. Auch Desinteresse von deutscher Seite und mangelnde belgische Eigenwerbung führen dazu, daß man in Deutschland kaum etwas über dieses komplexe Land weiß. Die Medien erweisen sich jedoch als wenig geeignet, dem abzuhelfen.

© BI-TC.
Abb. 14: Das Europäische Parlament. Als Hauptstadt Europas ist Brüssel jedem Europäer ein Begriff – auch als Hauptstadt Belgiens?

In Brüssel sind zwar über 1.000 ausländische Journalisten akkredi-
tiert, und an Meldungen aus dieser Stadt ist wahrlich kein Mangel –
doch geht es dabei in erster Linie um die Europäische Union oder die
Nato. Über Belgien erfährt man so gut wie nichts, und genau hier liegt
das Dilemma: Die Journalisten berichten kaum über das Land, in dem
sie leben. Mit „Belgien" verbinden die meisten Menschen daher als
erstes „Brüssel, Hauptstadt der EU".

Die langjährige Spiegel-Korrespondentin Marion Schreiber nimmt
ihre früheren Kollegen in Schutz: „Die Korrespondenten haben keine
Zeit, sich ernsthaft mit Belgien auseinanderzusetzen. Ich selbst habe
Belgien auch erst nach meiner Zeit beim Spiegel kennen gelernt, als ich
mehr Zeit hatte. Und zweitens ist es sehr schwierig, über die komplizierte belgische Politik und Staatsstruktur zu berichten." Eine Ansicht, die von vielen ihrer Kollegen geteilt wird. Schließlich müsse man
sich am Wissensstand des Lesers orientieren.

Einige Berichterstatter müssen sich jedoch auch mangelndes Interesse an Belgien vorwerfen lassen oder ganz einfach mangelnde
Sprachkenntnisse. „Viele der Brüsseler Korrespondenten sind nicht
in der Lage, flämische Zeitungen zu lesen", so der Antwerpener Politikwissenschaftler Dirk Rochtus. Daher nähmen sie die flämischen Themen und Debatten meist nur durch eine französische Brille wahr. Hinzu
kommt, daß, weil so viel über trockene EU-Politik berichtet wird,
jedes „bunte" Thema großes Interesse findet. Ein kleiner Skandal?
Prima, sagt die Heimatredaktion, da schicken wir gleich jemanden hin.
Längere Hintergrundreportagen werden die Korrespondenten dagegen nur schwer los.

Land ohne Label

Aber auch die belgische Regierung tut wenig für das Image des Landes – die Ausgaben für staatliches Marketing etwa sind vergleichsweise gering. „Das Werbebudget ist extrem niedrig, Belgien ist gewisser-
maßen ein No-Name-Produkt in den Verkaufsregalen der Nationen",
so Dominique Struye de Swielande, bis Mitte 2002 Botschafter des
belgischen Königreichs in Berlin. Als Beispiel nennt Swielande den
belgischen Pavillon auf der Expo. Während die Niederländer zuvor
Imageforschung in Deutschland betrieben hatten und dann versuch-
ten, mit ihrem ausgefallenen Bau ein modernes Niederlandebild zu
kommunizieren, waren die Belgier schon froh, daß Flamen, Wallonen
und Brüsseler sich auf ein gemeinsames Gebäude einigen konnten.

Doch welches Bild sollte Belgien vermitteln? Die Einwohner Bel-

Ein bißchen Geschichte

Fremdherrschaft, Religion und Unabhängigkeit

Um die heutige Lage in Belgien besser zu verstehen, muß man nicht unbedingt zurückgehen bis in die Steinzeit – aber ein kurzer Blick auf das 16. Jahrhundert ist aufschlußreich. Alles drehte sich damals um die neue protestantische Religion, die in den nördlichen und südlichen Niederlanden viele Anhänger fand. In dieser Zeit unterstand das Gebiet jedoch dem katholischen Kaiser Karl V. Sein Sohn Philipp II. (Stichwort „Spanische Armada") ging streng gegen den Protestantismus vor, er schickte den spanischen Herzog von Alba in den Kampf gegen den niederländischen Wilhelm von Oranien.

Um es kurz zu machen: Die nördlichen Niederlande schafften den Weg in die Unabhängigkeit und wurden überwiegend protestantisch. Die südlichen Niederlande, also das Gebiet des späteren Belgien, blieben unter der Herrschaft der katholischen Spanier und bekamen die Härten von Inquisition und Gegenreformation zu spüren. Das hatte zur Folge, daß mehr als 100.000 protestantische Flamen – darunter viele gut ausgebildete Handwerker, Gelehrte, Juristen, Kaufleute und Künstler – in den Norden auswanderten. Sie ließen sich vor allem in den holländischen Städten Amsterdam und Haarlem nieder, wo sie Wesentliches zum wirtschaftlichen und kulturellen Aufschwung des niederländischen „Goldenen Jahrhunderts" beitrugen.

Die südlichen Provinzen standen vorerst weiter unter spanischer, später österreichischer Herrschaft. Ende des 18. Jahrhunderts wurden sie französisch besetzt wie fast ganz Europa. „Schon seit dem 16. Jahrhundert teilen sich Flamen und Wallonen dieselben Besatzer", so der flämische Publizist Geert van Istendael in Anspielung auf die gemeinsame Vergangenheit.

Nachdem Napoleon 1815 auf dem Schlachtfeld des belgischen Waterloo besiegt war, faßte der Wiener Kongreß die heutigen Niederlande, Belgien und Luxemburg zum Königreich der Vereinigten Niederlande zusammen. Gegen die holländische und zudem protestantische Dominanz setzten sich die Belgier 1830 in einer Revolution zur Wehr, 1831 wurde der niederländische König besiegt.

Belgien ist seit der Unabhängigkeit 1831 eine konstitutionelle Monarchie. Das bedeutet, daß die Kompetenzen des Königs von Beginn an stark eingeschränkt wurden durch das Parlament. Das war 1831 ungewöhnlich. In den europäischen Nachbarstaaten gab es nirgendwo ein so großes Mitspracherecht, Belgiens Verfassung war die modernste Europas. Der neue König, Leopold von Sachsen-Coburg-Gotha, hatte daher jedoch von Anfang an ein Prestigeproblem.

Belgisch-Kongo

Um dem Königshaus eine stabile wirtschaftliche Basis zu verschaffen, das Gewicht der Monarchie im belgischen Staatsgefüge zu vergrößern und Belgien zu Ruhm und Ansehen in Europa zu führen, ließ Leopold II. mit Hilfe einer Privatarmee ein riesiges Gebiet in Afrika erobern. Er machte die Kolonie „Belgisch-Kongo" zu seinem Privateigentum und zog weite Teile der Bevölkerung zur Zwangsarbeit heran. Dies kostete Millionen Afrikaner das Leben (Joseph Conrads berühmter Roman „Herz der Finsternis" spielt im damaligen Belgisch-Kongo). Der belgischen Bevölkerung vermittelte man dagegen das Bild, in Afrika ein gutes Werk zu tun.

1908 wurde die Kolonie, halb so groß wie Europa, dem belgischen Staat übereignet. Die kolonialen Machtverhältnisse hatten sich bereits verfestigt – und von nun an teilten sich das Königshaus, der im Kolonialdienst angestellte Adel und die hohe Finanzbourgeoisie die riesigen Gewinne aus Kupfergewinnung und Baumwoll- und Kautschukplantagen. Dunlop hatte gerade den Gummireifen erfunden, was die Gewinne enorm steigerte.

Auch nach der Unabhängigkeit 1960 blieb der belgische Einfluß bestehen. Manu Ruys, Afrika-Kenner und ehemaliger Chefredakteur der flämischen Tageszeitung *De Standaard*, bezeichnet die Dekolonialisierung und alles, was sich seit 1960 zwischen Belgien und der früheren Kolonie abgespielt hat, als das größte Kapitel der Schande in der belgischen Geschichte. Die koloniale Vergangenheit ist bis heute ein Tabu-Thema.

Aufschwung in Wallonien

Der belgische Staat hatte im 19. Jahrhundert noch ganz andere Sorgen: Die Gegensätze zwischen Liberalen und Katholiken sorgten für Spannungen, gleichzeitig gewann der aufkommende Sozialismus immer mehr an Gewicht. Vor allem in Wallonien mit seinen riesigen Industriebetrieben begann sich die Arbeiterschaft zu organisieren. Wie in den Niederlanden, so gab es auch in Belgien das Phänomen der Versäulung, der strengen Trennung gesellschaftlicher Gruppen in allen Lebensbereichen. Zu der katholischen und der liberalen Säule kam nun noch eine sozialistische hinzu.

Wallonien zählte damals zu den wichtigsten Industrieregionen Europas, vor allem in der Eisen- und Metallverarbeitung war Belgien führend. Wallonische Unternehmer lieferten weltweit Straßenbahnen und Lokomotiven, Ingenieure aus Lüttich und Charleroi bauten Stahlbrücken über den Jangtsekiang in China. Der öffentliche Verkehr in

Barcelona wurde von Belgiern organisiert, mit Waggons und Ingenieuren aus der Wallonie. Sogar in den Städten des russischen Reichs
verlegten Belgier im Auftrag des Zaren Leitungen und Rohre aus ihren heimischen Betrieben. Zu dieser Zeit gingen etwa 300.000 Flamen in den Süden, weil es hier Arbeit gab (siehe Textteil).

*Abb. 15: Bahnbau Brühl-Wesseling der Köln-Bonner Eisenbahn im
Jahre 1900: Die Lokomotive stammt aus belgischer Produktion.*

Im angrenzenden Rheinland und im Ruhrgebiet leistete Belgien
sozusagen Entwicklungshilfe: Beim Bau der Bahnstrecke zwischen
Brühl und Köln-Wesseling etwa war man stolz auf die erste belgische
Lokomotive. Zu Beginn des 20. Jahrhunderts intensivierten sich die
deutsch-belgischen Handelsbeziehungen. Für das Ruhrgebiet war der
Hafen von Antwerpen von großer Bedeutung, bereits 1920 wurde die
erste Flugverbindung zwischen Köln und Brüssel eingeweiht.

Erster Weltkrieg

Die Geschichte des Ersten Weltkriegs ist in Belgien, England und
Frankreich noch sehr lebendig. Zahlreiche Reisegruppen fahren jedes
Jahr nach Belgien, um die Kriegsschauplätze zu besichtigen. Nur in
Deutschland weiß man in der Regel wenig über „The Great War".
Jährlich findet in Flandern die „IJzerbedevaart" statt, eine Art

Wallfahrt an das Flüßchen IJzer. Dort wird der flämischen Soldaten gedacht, die an diesem Ort der deutschen Armee trotzten. Ein kleines Stück Land wurde hier von belgischen, englischen und französischen Truppen gehalten, vier Jahre lang blieben die Fronten nahezu unverändert. Hintergrund dieses jährlichen Gedenkens ist zudem die Unterdrückung der flämischen Soldaten durch die französischsprachige Heeresleitung. Die Frage, ob flämische Soldaten starben, weil sie die Befehle der französischen Offiziere nicht verstanden, bewegt bis heute die Gemüter. Während des Kriegs bewirkte dies den Durchbruch der flämischen Emanzipationsbewegung.

Die deutschen Besatzer machten sich die Benachteiligung der Flamen zunutze und unterstützten die Ablösung des „germanischen Brudervolkes" vom belgischen Staat. Unter dem deutschen Einfluß radikalisierte sich die flämische Bewegung im antibelgischen Sinne. Als Deutscher in Belgien sollte man wissen, daß Deutschland in dem innerbelgischen Konflikt eine nicht unbedeutende Rolle gespielt hat.

Auch den Namen Ypern sollte man kennen. Diese Stadt wurde vollkommen zerstört, heute dokumentiert ein Museum in den wiederaufgebauten Tuchhallen die Schrecken einer neuen Dimension von Krieg, in dem erstmals Massenvernichtungswaffen wie Giftgas zum Einsatz kamen. Der 11. November ist in Belgien ein Feiertag, denn an diesem Tag wurde im Jahre 1918 der Waffenstillstand geschlossen.

Zweiter Weltkrieg

Im Mai 1940 fielen die Deutschen ein zweites Mal in Belgien ein. Der König kapitulierte nach 18 Tagen, die Regierung floh ins Exil nach London. Während der Besatzung ging es erneut um die Frage der flämischen Emanzipation, einige Gruppen kollaborierten offen mit den Deutschen. Dies hängt mit einer flämischen Vorstellung zusammen, die den frankophon bestimmten belgischen Staat als den eigentlichen Besatzer sah – und somit die Deutschen als eine Art Befreier begrüßte oder zumindest als willkommene Helfer auf dem Weg in die Emanzipation.

Die Zeit nach dem Zweiten Weltkrieg war jedoch weniger von Ressentiments gegenüber den Deutschen geprägt als durch innerbelgische Auseinandersetzungen. 53.000 Belgier wurden der Kollaboration beschuldigt und verurteilt. Die harten Urteile nach dem Zweiten Weltkrieg, „Repression" genannt, sind bis heute ein vieldiskutiertes Thema, insbesondere in Flandern. Es gibt immer noch den Ruf nach einer Amnestie. Die Kollaboration von Untergruppen der flämischen Bewegung war nicht zu leugnen, aber damit wurden weite Teile dieser Bewegung zu Unrecht diskreditiert. Die Flamen verweisen dabei auf die Wallonen, die nachgewiesenermaßen in ebensolchem Maß kollaborierten (etwa die Partei der Rexisten unter der Führung von Léon Degrelle). Im wallonischen Selbstbild wird diese Tatsache jedoch häufig verdrängt.

Der flämische Politikwissenschaftler Dirk Rochtus erklärt, daß anti-deutsche Ressentiments in Belgien nicht verbreitet seien. Aber wenn man nicht weiß, was an Orten wie Ypern oder Bastogne geschah, stößt das auch bei wohlwollenden Belgiern auf Unverständnis. Im Winter 1944/45 starben zahlreiche Menschen während der Ardennenoffensive, die Städte Stavelot, Malmedy und Bastogne wurden weitgehend zerstört.

giens verstehen sich ja selbst zunächst als Flamen, Wallonen, Brüsseler oder Deutschsprachige, erst dann als Belgier. Auch in den Nachbarländern ist diese Wahrnehmung verbreitet: Man kennt die alten flämischen Kunststädte (wie Brügge, Gent und Antwerpen) oder die wallonischen Ardennen.

Prägend sind gerade die Aufteilung des Landes und der doppelte Föderalismus: Die drei Regionen (Flandern, Wallonien und Brüssel) haben eigene Regierungen, ebenso wie die drei Gemeinschaften (die französische, die flämische und die deutschsprachige). Die Regionen sind territorial bestimmt, die Gemeinschaften sprachlich. Zur französischen Gemeinschaft gehören auch die französisch sprechenden Brüsseler, zur Region Wallonien die deutschsprachige Gemeinschaft. Nur in Flandern hat man die Verwaltungen von Region und Sprachgemeinschaft zusammengeführt. Dies alles macht die Identifikation mit „Belgien" schwierig, vor allem weil sich gleichzeitig eine Entwicklung in Richtung EU vollzieht. Regionalisierungstendenzen auf der einen Seite, Europa auf der anderen – und Belgien dazwischen.

Hinzu kommt, daß belgische Aushängeschilder oft anderen Nationen zugeordnet werden. Wer weiß schon, daß der Maler René Magritte Belgier war? Er wird unter Frankreich einsortiert, ebenso wie

Abb. 16: Geben Sie es ruhig zu: Sie haben auch geglaubt, das Saxophon käme aus Amerika. Es kommt aus Belgien: Die alte 200-Francs-Note ehrte den Erfinder Adolphe Sax (1814–1894).

Staatsaufbau

Seit der letzten Verfassungsreform 1993 ist die föderative Staatsform festgelegt, bestehend aus der föderalen Regierung, drei Regionen (Wallonien, Flandern, Brüssel-Hauptstadt) und drei Gemeinschaften (flämische, französische und deutschsprachige).

Die übergeordnete Föderalregierung ist zuständig für Außenpolitik, Verteidigung, Rechtswesen, Finanzwesen, soziale Sicherheit, Gesundheitswesen und Innenpolitik. Die Regionen kümmern sich um „gebietsbezogene" Materien wie Wirtschaft, Außenhandel, Verkehr, Bodennutzung, Städte- und Straßenbau etc. Die Gemeinschaften sind für „personenbezogene" Angelegenheiten zuständig, vor allem Kultur, Schul- und Hochschulwesen. Sowohl Regionen als auch Gemeinschaften verfügen über eigene Parlamente bzw. Räte und verwalten sich weitgehend selbständig.

Die flämische Gemeinschaft und Region sind zusammengefaßt, Sitz von Regierung und Parlament ist Brüssel. Die wallonische Region hat ihren Sitz in Namur, die Region Brüssel-Hauptstadt in Brüssel. Die französische Gemeinschaft, zu der auch die französischsprachigen Brüsseler gehören (und die sich daher neuerdings „Wallonie-Bruxelles" nennt), hat ihren Sitz ebenfalls in Brüssel. Sitz von Regierung und Parlament der deutschsprachigen Gemeinschaft ist Eupen.

Georges Simenon und Jacques Brel. Sogar ihre berühmten Comics um „Tim und Struppi" müssen die Belgier verteidigen. „Wenn belgische Künstler im Ausland einen hohen Bekanntheitsgrad erlangen, ist man überrascht zu erfahren, daß es Belgier sind", stellt der flämische Schriftsteller und Publizist Geert van Istendael fest. Kein Wunder, daß man mit Belgien wenig verbindet. Zunächst also einige Hintergrundinformationen, jenseits von Eichenmöbeln und beleuchteten Autobahnen.

Flamen und Wallonen

Im Süden des Landes liegt Wallonien, hier wird Französisch gesprochen. (Die deutschsprachige Gemeinschaft ausgenommen.) Der Unterschied zwischen „Wallonen" und „Frankophonen" ist, daß bei letzteren die französischsprachigen Brüsseler inbegriffen sind. Daher sprechen die Flamen oft von den „Franstaligen" als ihrem Pendant. Im Norden liegt Flandern, mit der Landessprache Niederländisch. Flä-

© BI-TC.

Abb. 17: „Quick und Flupke", ein weniger bekannter Comic von Hergé, dem Schöpfer von Tim und Struppi: Belgien ist das Paradies der Comic-Leser und -Autoren.

misches und holländisches Niederländisch sind zwei Varianten der gleichen Sprache. „Beide unterscheiden sich lediglich durch Aussprache und Wortschatz, etwa dem Unterschied zwischen Deutsch und 'Österreichisch' vergleichbar", so Edi Clijsters, Leiter der flämischen Repräsentanz in Berlin. Und hier sind wir schon mitten in den Besonderheiten: Da Belgien seit 1993 ein föderaler Staat ist, hat jede Gemeinschaft das Recht, im Ausland vertreten zu sein. So gibt es in Berlin einen belgischen Botschafter, aber auch einen Vertreter Flanderns, der Wallonie, der deutschsprachigen Gemeinschaft und Brüssels.

Und sie schlagen sich keineswegs die Köpfe ein: „Seit der 'Trennung' versteht man sich besser", so Clijsters, der auf Veranstaltungen oft zusammen mit seiner wallonischen Kollegin Timmermans auftritt. Timmermans, ist das nicht ein flämischer Name? Doch, aber nach den Familiennamen kann man sich in Belgien nicht richten, weil die gegenseitige Durchdringung beider Gruppen früher sehr stark war. So trägt etwa der flämische Kulturminister Anciaux einen französischen Namen, und der wallonische Ministerpräsident heißt mit Nachnamen van Cauwenberghe.

Die Sprachgrenze ist jedoch eine komplizierte Angelegenheit, die nicht nur regional bestimmt ist, sondern auch sozial. Französisch war

Identität und Abgrenzung

Die heutige Abgrenzung Belgiens gegenüber den Niederlanden hat eine historische Dimension. Seit dem 16. Jahrhundert geht man getrennte Wege: Die Niederländer hatten sich ihre Unabhängigkeit und den Calvinismus erkämpft, mit dem Ideal der fleißigen Bescheidenheit. Bis heute werden sie in Belgien mit dem protestantischen Arbeitsethos identifiziert: Niederländer gelten als effektiv, gut organisiert und tolerant – aber auch als besserwisserisch, arrogant, geizig und taktlos (so eine Untersuchung, die 1990 im flämischen Magazin *Knack* erschien). Die Haltung ist also ambivalent: Man blickt respektvoll, aber auch kritisch auf den großen Nachbarn im Norden. Alles, was dort vor sich geht, wird genauestens registriert und kommentiert. So quittierte nicht nur die Antwerpener Presse den Rechtsrutsch bei den Rotterdamer Kommunalwahlen 2002 mit einiger Schadenfreude: Zuvor hatten die Niederländer regelmäßig mit dem Finger auf die Flamen und den *Vlaams Blok* gezeigt.

Aber auch für das belgisch-niederländische Verhältnis gilt: eigentlich weiß man sehr wenig voneinander. „Flamen fahren selten in die Niederlande", so ein flämischer Wissenschaftler, „es gibt generell wenig Austausch, und die niederländische Kultur (aus den Niederlanden) ist in Brüssel wenig präsent." Was die gemeinsame Sprache anbelangt, ist die Zusammenarbeit allerdings ausgezeichnet. Wörterbücher werden schon seit 1946 gemeinsam herausgegeben, 1980 haben die niederländische und die belgische Regierung einen Vertrag über die *Taalunie* (Sprachunion) geschlossen, der die gemeinsame Förderung der niederländischen Sprache und Literatur regelt. Um die niederländisch-belgischen Beziehungen auszubauen, gibt es seit 2002 auch einen jährlich stattfindenden Journalistenaustausch.

Die französischsprachigen Belgier hingegen blicken gen Süden. „Es gibt eine starke Orientierung nach Frankreich", so der Publizist Guido Fonteyn, „man liest französische Zeitungen und kennt die französischen Fernsehserien." Aber abgesehen von einer Minderheit, die den Anschluß an Frankreich propagiert, sind die Wallonen sehr auf ihre Eigenständigkeit bedacht. Sie definieren die eigene Identität in Abgrenzung zu den Franzosen und halten sich selbst gerne für pünktlicher, pragmatischer und fleißiger.

Deutschland ist für die meisten Belgier uninteressant. „Deutschland ist zwar geographisch nah, aber mental weit weg", so ein flämischer Politologe. Das gleiche gilt für Wallonien. „Die spielen gut Fußball, die verdienen gut, da kann man nicht gut essen" beschreibt eine weit verbreitete Ansicht. „Deutschland ist kein Urlaubsland, französischsprachige Belgier fahren in den Ferien meist nach Frank-

seit Ende des 18. Jahrhunderts die Sprache der Herrschenden, Flämisch galt als Sprache der Bauern und Dienstboten. Die Flamen mußten sich das Recht hart erkämpfen, in Schulen, Universitäten und Behörden ihre eigene Sprache sprechen zu dürfen. Erst seit 1930 gibt es flämische Universitäten, und bis in die 1950er Jahre hinein galt Französisch auch in Flandern als Sprache der Oberklasse. Oberhalb des Kleinbürgertums wurde Französisch gesprochen, auch in flämischen Familien. Geert van Istendael, Jahrgang 1947, schreibt: „Ich bin in dem Bewußtsein aufgewachsen, meine eigene Sprache sei etwas Minderwertiges. Feine Leute sprachen Französisch." Noch heute gibt es adelige und großbürgerliche flämische Familien, die zu Hause nur Französisch sprechen.

Im 19. Jahrhundert war Wallonien durch seine frühe Industrialisierung auch wirtschaftlich führend. Es gab eine regelrechte Emigration in den Süden. Hunderttausende flämischer Bauern schufteten unter übelsten Bedingungen in den wallonischen Minen und Stahlwerken. Nun könnte man einwenden, daß auch im Ruhrgebiet die Arbeiter unter den furchtbaren Zuständen litten. Aber in Belgien waren die Chefs immer die Französischsprachigen – so etwas prägt sich ein. In Flandern weiß auch jedes Kind, daß im Ersten Weltkrieg viele flämische Frontsoldaten gefallen sind, weil sie die französischen Befehle der Offiziere nicht verstanden. Berüchtigt ist seither der Satz: „Et pour les Flamands la même chose" (Dasselbe gilt für die Flamen). Daß auch die wallonischen Soldaten alles andere als „Hoch-Französisch" sprachen und vielleicht ebenfalls Verständigungsprobleme hatten, ist dagegen weniger bekannt.

Dieses historische Bewußtsein bildet den Nährboden für eine Auseinandersetzung, die Außenstehenden manchmal unverständlich ist und in der es um weit mehr als nur Sprachprobleme geht. Von Besuchern aus dem Nachbarland wird erwartet, daß sie die Unter-

Abb. 18: Der Hafen von Antwerpen, der sich mit dem Hamburgs messen kann, ist gleichsam ein Symbol der heutigen ökonomischen Stärken Flanderns.

schiede zwischen den Regionen und Gemeinschaften kennen und nicht etwa den Fauxpas begehen, in Flandern munter auf Französisch loszulegen. Und so ersparen Sie es ihrem Gastgeber auch, zum x-ten Mal die Belgien-Story zu erklären.

Noch heute tun sich die Französischsprachigen schwer damit, Niederländisch zu sprechen. Man wird viel eher auf einen Flamen treffen, der gut französisch spricht, als auf einen Wallonen, der fließend niederländisch kann. Für Flamen ist es natürlich ärgerlich zu hören, wenn die Wallonen sagen: Ach, das werdet Ihr doch verstehen, daß wir auf der Schule (als zweite Fremdsprache nach Englisch) lieber eine Weltsprache wie Spanisch lernen als dieses komische Niederländisch. Andererseits beschwören sie aber die Flamen (denen es heute wirtschaftlich besser geht), doch am gemeinsamen Staat festzuhalten.

Der flämische Journalist Guido Fonteyn verweist auf Meinungsumfragen, in denen deutlich werde, daß es innerhalb der wallonischen Bevölkerung noch immer Spuren eines Überlegenheitsgefühls gebe, während die Flamen eher unter Minderwertigkeitskomplexen litten.

Belgien ist es weitgehend gelungen, für diese Probleme gewaltlose Lösungen zu finden. Seit 1962 gibt es eine offizielle Sprachgrenze, die festlegt, welche Sprache in welchem Ort gesprochen wird. Einige gemischte Gemeinden bieten ihren Bürgern die Möglichkeit, auf den Ämtern oder bei Behörden die Zweitsprache zu benutzen. Das ist manchmal schwierig, etwa in den Brüsseler Vorstädten, wo die „Minderheitensprache" Französisch inzwischen oft die Sprache der Mehrheit ist.

Brüssel ist offiziell zweisprachig, das heißt, alle Straßenschilder sind auf Französisch und Niederländisch, alle Mitarbeiter des öffentlichen Dienstes müssen beide Sprachen beherrschen, öffentliche Gebäude sind zweisprachig beschriftet. Etwa 85 Prozent der Brüsseler Einwohner sind jedoch französischsprachig. Für die Zusicherung der Zweisprachigkeit Brüssels haben sich die Flamen darauf eingelassen, in der Föderalregierung auf ihre Mehrheit zu verzichten (das Verhältnis von flämischen und französischsprachigen Einwohnern ist ungefähr 60 : 40). Ein typisch belgischer Kompromiß.

Die Sprachgrenze hat jedoch den Nachteil, daß der Graben zwischen Flamen und Wallonen tiefer geworden ist. Man stritt sich um die gemischten Gemeinden, und es wurde eine Trennung zementiert, die nicht immer der Realität entsprach. Ein wallonischer Interviewpartner erklärt: „Die Bevölkerung ist so verflochten, daß man kaum von 'reinen' Flamen oder 'reinen' Wallonen sprechen kann. Das sind nachträglich konstruierte Theorien, auf der Straße gibt es diesen Unterschied nicht. Der größte Unterschied ist die Sprachdifferenz. Und die ist mit der Zeit immer stärker geworden, weil man sich fest daran geklammert hat, daß Flandern homogen niederländischsprachig werden mußte."

Wirtschaftlich gesehen geht es den Flamen inzwischen deutlich besser als den Wallonen. In den 1970er Jahren geriet die wallonische Industrie in massive Probleme, während die kleinen und mittelständischen Unternehmen in Flandern prosperierten. Auch heute noch sind diese Betriebe der Motor der flämischen Wirtschaft: Etwa 90 % der Unternehmen zählen zum kleinen und mittelständischen Gewerbe, sie stellen 40–45 % der Arbeitsplätze zur Verfügung. In den letzten fünf Jahren wurden jedoch auch in der traditionell sozialistisch geprägten Wallonie zahlreiche Maßnahmen zur Wirtschaftsförderung ergriffen, die langsam Früchte tragen.

Doch es sieht so aus, als wolle der Norden darauf nicht unbedingt warten. Von den flämischen Steuergeldern gehen große Beträge nach Wallonien (jährlich etwa 5 Milliarden Euro), und gerade die teuren Sozialversicherungen würden viele Flamen am liebsten auch nach Regionen aufteilen. Flandern treibt daher die föderative Trennung voran. Das Unrecht der Vergangenheit und die wirtschaftliche Überlegenheit führen dazu, daß jetzt – wo sich die Verhältnisse umgekehrt haben – die Flamen auf die Wallonen herabblicken und die südliche Hälfte als „Bremsklotz" empfinden.

Man sieht, das Ganze ist äußerst kompliziert. Es zeugt daher von Unkenntnis, sich abschätzig über die „belgischen Zustände" zu äußern. Man sollte eher den Hut ziehen vor den Belgiern, die ihre Probleme bisher noch stets friedlich gelöst haben. Belgien könnte sogar als Vorbild für die Europäische Union dienen, denn die belgischen Probleme sind europäische Probleme. Wenn Flandern nicht mehr für Wallonien zahlen will, geht es um die Frage von Solidarität und Eigeninteresse. Wenn Frankreich und Spanien angesichts des Beitrittslandes Polen um ihre Agrarsubventionen fürchten, handelt es sich im Prinzip um das gleiche Problem. Und der Länderfinanzausgleich ist auch in Deutschland nicht unumstritten. „Europa wird belgisch werden, oder es wird untergehen", skandiert Geert van Istendael daher ganz unbelgisch selbstbewußt.

Abb. 19: Blick durch die Glaskuppel in das Flämische Parlament: Die friedliche Entwicklung föderaler Strukturen hat das Königreich wohl vor dem Zerfall bewahrt.

Modedesign und Film

Belgische Modeschöpfer, vor allem die flämischen Designer der Antwerpener Modeakademie, haben sich in der internationalen Modeszene einen festen Platz erobert. Seitdem einige von ihnen Ende der 80er Jahre bei der internationalen Modemesse in London Erfolge feierten, firmieren sie unter dem Label „Antwerp Six". Diese sechs sind Walter van Beirendonck, Ann Demeulemeester, Marina Yee, Dries van Noten, Dirk van Saene und Dirk Bikkembergs.

Über die Grenzen hinaus bekannt ist auch Olivier Strelli, der die Kostüme der letzten Stones-Tournee entwarf. Der Erfolg gründet sich nicht auf einen eindeutigen belgischen Stil, sondern liegt vor allem an der individuellen und kreativen Komponente der einzelnen Designer. Darauf wird bereits in der Ausbildung großer Wert gelegt. Stilistische Vielfalt ist das Motto: modern, teils grob und kantig, exzentrisch, aber dennoch tragbar, auf keinen Fall kommerziell und glatt.

Während im Designbereich die Flamen überwiegen, haben sich die Französischsprachigen einen Namen in der internationalen Filmszene erworben. Jaco Van Dormael mit „Toto der Held" und „Der achte Tag", Gérard Corbiau mit dem Opernfilm „Farinelli", Benoît Poelvoorde mit „Mann beißt Hund", Chantal Akerman mit „Eine Couch in New York" (mit Juliette Binoche und William Hurt). „Rosetta" von Luc und Jean-Pierre Dardenne wurde 1999 in Cannes ausgezeichnet. Man kann nur immer wieder unterstreichen, daß sie Belgier sind – und keine Franzosen!

Ulrike Schwabe

Ähnliche Mentalität

Die Mehrsprachigkeit sollte nicht als Problem, sondern als ein besonderer kultureller Reichtum angesehen werden, als eine seltene Qualität. Also, bitte nicht naiv fragen, warum Ihr flämischer Geschäftspartner denn kein Französisch spricht. Es gibt ebenso viele Belgier, die sich lässig zwischen beiden Kulturen hin und her bewegen, fließend mehrere Sprachen sprechen und damit besser für Europa gerüstet sind als so mancher Deutsche.

Was die Mentalität angeht, sind sich Flamen und Wallonen näher, als man nach diesen ganzen Geschichten glauben möchte. „Vor allem im Geschäftsleben kommen Flamen und Wallonen gut miteinander aus", bestätigt Marion Schmitz-Reiners, eine deutsche Publizistin, die seit 20 Jahren in Belgien lebt. Als Chefredakteurin des deutschspra-

Deutschsprachige Gemeinschaft

„Wir sind der lachende Dritte im Sprachenstreit zwischen Flamen und Wallonen", sagt so mancher deutschsprachige Belgier – denn die deutschsprachige Gemeinschaft mit ihren 70.000 Bürgern ist der französischen und der flämischen Gemeinschaft politisch weitgehend gleichgestellt. Auch sie kann die Bereiche Kultur, Unterrichtswesen, Medien, Jugendschutz, Sport und Sprachpflege im eigenen Interesse regeln.

Das Gebiet im Osten des Landes (Eupen, St. Vith) gehört seit 1919 zu Belgien. „Es gibt keinerlei Animositäten zwischen den Gemeinschaften mehr", so ein Interviewpartner, „vielmehr hat die deutschsprachige Gemeinschaft so manche Mittlerfunktion übernommen, nicht nur zwischen Flamen und Wallonen, sondern auch auf das Ausland bezogen". Beispielsweise unterhält die wallonische Exportagentur ein Außenbüro in Eupen, wo deutschsprachige Belgier den deutschen Markt betreuen.

Kulturell sind die Einwohner auf Deutschland ausgerichtet, meist werden deutsche Medien genutzt, Fernsehen wie Zeitungen. Das heißt aber nicht, daß man Deutschland unkritisch gegenüberstehe, erklärt Susanne Debeolles, eine deutschsprachige Belgierin, die für die Vertretung der Französischen Gemeinschaft und Wallonischen Region in Deutschland tätig ist. „Ungefähr die Hälfte der Einwohner ist den Deutschen freundlich gesonnen, die andere Hälfte eher negativ. Man fährt zwar nach Köln und Düsseldorf zum Einkaufen, ist vielleicht sogar Fan der dortigen Fußballvereine. Aber es gibt immer einen kleinen Vorbehalt."

„Die Unternehmenskultur ist sehr ähnlich", so Debeolles weiter. „Hinzu kommt hier jedoch das belgische Laisser-aller. Man fängt nicht direkt mit der Tagesordnung an, sondern erst nach 10–15 Minuten." Auch sie bestätigt: „Aufgrund ihrer Sprachkenntnisse sind die Deutschsprachigen in ganz Belgien als Mitarbeiter begehrt."

chigen *BelgienMagazin* und Autorin von zwei Büchern über die belgische Mentalität kann sie als Expertin auf dem Gebiet der deutschbelgischen Befindlichkeiten gelten. „Romanische und germanische Mentalität überlappen einander: Das Palavern, die Freundlichkeit und das Verschieben auf den nächsten Tag paaren sich mit Gründlichkeit, Effizienz und Ehrgeiz. Im Grunde gehört Belgien nicht mehr so ganz zum germanischen Kulturraum."

Der sogenannte Sprachenstreit wird in den Parlamenten ausgefochten, nicht auf der Straße. Auch Guido Fonteyn bestätigt, daß man in der Sprachfrage zwar harte Standpunkte vertritt, aber die Zusammenarbeit zwischen Flandern und Wallonien ansonsten ohne Zwischenfälle verläuft. Und er betont die gemeinsame Geschichte: „Die Unterschiede sind eigentlich erst entstanden durch die Industrielle Revolution im 18. und 19. Jahrhundert. Wir sollten nicht vergessen, daß es 'Wallonien' vorher gar nicht gab. Schon die Bezeichnung ist relativ neu. Die Region 'Wallonien' ist erst nach und nach entstanden, als sich die Flämische Bewegung und die Idee eines 'Flandern' im Norden Belgiens durchsetzten." In den folgenden Abschnitten wird daher nicht grundsätzlich zwischen Flamen und Wallonen getrennt. Kleinere Unterschiede und Tendenzen finden dagegen jeweils im entsprechenden Abschnitt nähere Erläuterung.

Mißtrauen gegen die Obrigkeit

Was hat es nun mit dieser romanischen Kultur auf sich? Belgier ticken einfach anders, hört man immer wieder. Etwa der lässige Umgang mit Problemen: Wenn zum wiederholten Mal eine erschreckend negative Bilanz auf den Schreibtisch geflattert ist, geht man trotzdem mittags mit dem ganzen Büro essen, trinkt dazu einen guten Wein und läßt es sich schmecken.

Das Talent, vor den Bedrohungen und Ärgernissen des Alltags die Augen zu verschließen, ist offenbar sehr ausgeprägt. Freude und Genuß spielen dabei eine große Rolle. Susanne Debeolles, Mitarbeiterin in der Berliner Vertretung der französischen Gemeinschaft und wallonischen Region, erklärt: „In Belgien gehört Genuß zum täglichen Leben – komme, was wolle, wir lassen uns das Leben nicht vermiesen! Man regt sich auch nicht so auf, wenn etwas nicht funktioniert."

Belgier geben prozentual gesehen deutlich mehr Geld fürs Essen aus als Deutsche. Essen ist Lebensqualität, und gerade am Wochenende wird so richtig geschlemmt – auch wenn man es sich eigentlich nicht leisten kann. Da spart man lieber am Auto oder am nächsten Urlaub. „Essen wird hier als bukolisches Fest, als unbegrenzter Genuß, als sinnliche Kompensation der Härten des Daseins verstanden", erklärt auch Marion Schmitz-Reiners.

Die Härten des Daseins sind in Belgien traditionellerweise eng mit der politischen Situation verknüpft. Keine europäische Region war so lange von fremden Mächten – Spaniern, Österreichern, Franzosen, Niederländern, später zweimal den Deutschen – besetzt wie das Gebiet des heutigen Belgien. Ob es nun aus der Geschichte kommt oder nicht,

Tatsache ist, daß viele Belgier sich als individuelle Anarchisten sehen, die sich immer irgendwie durchschlagen konnten. „Es gibt eine alte Tradition und ein großes Talent, Schlupfwinkel und Schleichwege zu finden", so Edi Clijsters.

Bis heute ist das Mißtrauen gegenüber staatlichen Behörden sehr ausgeprägt. Schlagzeilen über Korruption und Filz verwundern hier niemanden, „denen da oben" traut man sowieso nicht über den Weg. Und der Einfluß der katholischen Kirche trug auch nicht gerade dazu bei, den Staat mit seinen Gesetzen als Schiedsrichter der Gesellschaft zu etablieren.

Steuertricks etwa sind in Belgien eine Frage der Ehre. Behörden gegenüber zeigt man nach außen hin Respekt, macht sich aber ansonsten gerne über die Bürokratie lustig.

© Van Hulst.
Abb. 20: Belgische Pralinen sind weltbekannt. Jeder Belgier konsumiert durchschnittlich 8,3 kg Schokolade pro Jahr.

„Der Mangel an Vertrauen in die Autorität des Staates ist allerdings ein ernstes Handicap für Belgien", räumt der frühere Botschafter Swielande ein. In der Tat belegt eine Studie des Internationalen Wirtschaftsforums in Davos, daß Belgien in Bezug auf Effizienz und Leistungen der Staatsorgane und des öffentlichen Dienstes im europäischen Vergleich nicht sonderlich gut abschneidet. Dem Besucher aus dem Ausland werden diese Defizite vielleicht als erstes im Verkehr deutlich. Es gibt weniger Kontrollen als in Deutschland, Geschwindigkeitsbegrenzungen werden nicht eingehalten, und die Wege sind oft schlecht ausgeschildert.

Recht und Ordnung

Auch das Verhältnis zu Begriffen wie Recht und Ordnung scheint in Belgien ein anderes zu sein. „In Deutschland ist alles verboten, was nicht erlaubt ist – in Belgien ist alles erlaubt, was nicht verboten ist", lautet ein viel zitierter Satz. In Belgien gebe es nicht so viele Regeln, daher sei vieles einfacher. Edi Clijsters erklärt: „Grundsätzlich herrscht eine liberale Haltung vor, was das Verhältnis zwischen Staat und Bürger angeht; die Bürger 'dürfen' mehr. Es gibt einen ausgeprägten *Es-*

prit d'initiative, man läßt sich etwas einfallen. Wenn einer etwas tun will, dann tut er es auch." Eine Folge dieser liberalen Haltung sei allerdings die katastrophale Raumordnung.

Um so bemerkenswerter ist daher die Tatsache, daß es 1996 im Zusammenhang mit der Dutroux-Affäre zu massiven Protesten kam. In dem sonst so gelassenen Belgien, das seit Jahrhunderten an Kungeleien auf allen Ebenen gewohnt ist, demonstrierten Hunderttausende Bürger aus allen Landesteilen gegen die Fehler von Polizei und Justiz. Dieser „Weiße Marsch" in Brüssel kam für die Regierung Dehaene absolut überraschend. In den ausländischen Zeitungen lag der Akzent meist auf den Vergehen selbst, mit dem Tenor: Belgien ist ein durch und durch korruptes Land. Die Kriminalitätsrate ist in Belgien jedoch nicht höher als in Deutschland, und Pädophilie ist bei uns ein ebensolches Problem.

Ein parlamentarischer Untersuchungsausschuß wurde einberufen, um die Fehler der Ermittlung aufzudecken, auch die von den Bürgern geforderte Polizei- und Justizreform wurde in die Wege geleitet. Die verschiedenen Polizeieinheiten, die bis dato voneinander unabhängig waren und sich gegenseitig oft die Arbeit schwer machten, sollen nun zusammengefaßt werden. Auch der Justizapparat wird umorganisiert: Ein hoher Rat der Justiz soll die parteipolitisch neutrale Arbeit und Stellenbesetzung gewährleisten. Inwieweit diese Aktionen wirklich eine Veränderung bewirken, ist allerdings umstritten.

Aber das Bewußtsein für Mißstände ist größer geworden. Das Klima des stillen Einverständnisses mit der Klientelwirtschaft – immerhin wurden gerade die korrupten Politiker stets wiedergewählt – änderte sich. „Seit dem Weißen Marsch hat sich viel im Bewußtsein der Bürger getan" so Michael Stabenow, Brüsseler Korrespondent der F.A.Z. Das machte sich auch bei den Wahlen 1999 bemerkbar. Erstmals seit 1958 sind die christlichen Parteien nicht in der Regierung vertreten. Heute regiert eine „Regenbogenkoalition" aus Liberalen, Sozialisten und Grünen, Ministerpräsident ist Guy Verhofstadt.

Arbeitssprache

Will man belgische Unternehmenskulturen kennenlernen, sollte man sich zunächst mit den Tücken von Sprache und Verständigung vertraut machen. Grundsätzlich gilt: Ein Flame wird eher deutsch sprechen als ein Wallone oder Brüsseler, aber vielleicht zeigt er es nicht sofort. „Viele Flamen sprechen zwar relativ gut deutsch, haben aber oft Hemmungen, sich in der fremden Sprache auszudrücken. Man will sich nicht blamieren mit einem radebrechenden Deutsch à la Jean-Marie Pfaff (früher Torwart bei Bayern München)", erklärt Edi Clijsters.

Als Deutscher sollte man freundlich fragen, ob man deutsch sprechen kann – und nicht davon ausgehen, daß der flämische Partner auf jeden Fall deutsch versteht. Denn in Flandern ist eher Englisch als Arbeitssprache üblich. „Ein gebildeter Flame spricht in der Regel sehr gut englisch, aber versteht nicht immer deutsch", so ein flämischer Wissenschaftler. „Englisch ist jetzt die zweite Sprache, gerade Studenten können inzwischen besser englisch als französisch."

Wenn Ihr Englisch jedoch nicht verhandlungssicher ist, sollten Sie freundlich fragen, ob Sie eventuell auch auf Deutsch verstanden werden. Wie in den Niederlanden, so gilt auch hier: Zeigen Sie ruhig, daß Ihr Englisch wirklich nicht gut ist, das ist glaubwürdiger. Und die Chance ist groß, daß ein Eingeständnis des eigenen Mankos Ihrem

Literatur

Wenn man Belgien verstehen möchte, braucht man nicht unbedingt ein trockenes Sachbuch zu lesen. Ein Roman von Hugo Claus erfüllt den gleichen Zweck und ist bestimmt unterhaltsamer. Claus, 1929 in Brügge geboren, gilt als der große alte Mann der flämischen Nachkriegsliteratur. In zahlreichen Romanen beschreibt er mit Witz die Probleme von Flamen und Wallonen, Kollaboration und Widerstand, Stadt und Provinz, Individualismus und Heuchelei, Prostitution und Gewalt.

Aber es scheint, als beherrschten viele flämische Schriftsteller diese Kunst. Zu nennen wären da auf jeden Fall auch Louis Paul Boon oder Willem Elsschot. Und die jüngere Generation von Autoren steht ihnen nicht nach: Erwin Mortier, Kristien Hemmerechts und Tom Lanoye sind inzwischen auch in Deutschland bekannte Namen. Der Humor hat in der flämischen Literatur seinen festen Platz. Das war schon im 19. Jahrhundert so, als Charles de Coster seinen „Til Uylenspiegel" schrieb. Die Geschichten rund um den Pfiffikus „Eulenspiegel" wurden in zahlreiche Sprachen übersetzt.

Auf der französischsprachigen Seite muß zunächst einmal Georges Simenon genannt werden, dessen Romane Weltruhm genießen. Simenon ist 1903 in Lüttich geboren und dort auch aufgewachsen. Sein berühmter Kommissar Maigret agierte allerdings meist in Paris. Internationales Ansehen genießen auch zeitgenössische Autoren wie Pierre Mertens und Amélie Nothomb.

Im 19. Jahrhundert machte Joris-Karl Huysmans mit seinem Roman „Gegen den Strich" Furore. „Dieses Buch ist einmalig in seiner Exzentrik, sein Held ist der dekadenteste aller Dandys des ausgehenden 19. Jahrhunderts", schwärmt ein begeisterter Leser.

Im 20. Jahrhundert wurde dann eine ganz andere Art von belgischer Literatur berühmt: die Comics. Tim und Struppi, die Schlümpfe, das Marsupilami und nicht zu vergessen Lucky Luke (der Mann, der schneller zieht als sein Schatten). In Brüssel gibt es sogar ein Comic-Museum, das in einem wunderschönen Jugendstil-Gebäude untergebracht ist und auf jeden Fall einen Besuch lohnt.

Literaturangaben

Hugo Claus: Der Kummer von Flandern, München 1999; Belladonna, Stuttgart 1996.
Erwin Mortier: Marcel, Frankfurt 2001
Joris-Karl Huysmans: Gegen den Strich, Berlin 1999.
Amelie Nothomb: Die Reinheit des Mörders, Zürich 1996.
Auch die Simenon-Romane erscheinen im Diogenes-Verlag. Einmal hat sich Simenon übrigens auch in Richtung Niederlande gewagt: Maigret und das Verbrechen in Holland, Zürich 2001.

belgischen Geschäftspartner gleich sympathisch ist. Die Flamen ärgert es nämlich, wenn sie den Eindruck haben, daß der deutsche Gesprächspartner nur zu faul ist, englisch zu sprechen.

Vorsicht mit Französisch in Flandern. Wenn Sie selbst gut Französisch sprechen und Ihr flämisches Gegenüber auch, kann man sich natürlich auf diese Sprache einigen. Aber man sollte vermeiden, direkt auf französisch zu beginnen – das sieht dann so aus, als würde man die flämische Kultur nicht anerkennen. Und auch wenn das auf den ersten Blick verwunderlich ist: Selbst mit Niederländisch kann es Probleme geben! Wenn Sie Niederländisch mit einem ausgeprägten niederländischen Akzent sprechen, kann das in Flandern schlecht ankommen – „Holländer" gelten als besserwisserisch und arrogant. In Flandern würde niemand einen niederländischen Außendienstmitarbeiter einsetzen.

Man sollte auch auf die sprachlichen Besonderheiten des Flämischen achten: Statt des niederländischen *je* wird in Flandern *ge* als Anrede gebraucht. Dieses *ge* wird im Dativ oder Akkusativ zu *u*. Das heißt, man sagt beispielsweise: *Ik ga met u mee*, auch wenn man sich duzt. Für niederländische Ohren hört sich das so an, als würden die Flamen den anderen dann siezen. Sie wundern sich dann über die Höflichkeit der Flamen, die mit *Zet u!* vermeintlich sogar ihre Hunde siezen.

Aber aufpassen muß man eigentlich nur beim ersten Kontakt. Wenn Sie dann zeigen, daß Sie um die sprachlichen Scharmützel wissen, ist das schon die halbe Miete. Und als Rheinländer versteht man das flämische Niederländisch oft recht gut. Wenn Sie signalisieren, daß Sie fast alles verstehen, kommt das immer gut an.

In Wallonien wird es schon schwieriger. Die meisten Wallonen sprechen kein Deutsch, mit Ausnahme natürlich der deutschsprachigen Gemeinschaft. Optimal wäre es natürlich, Französisch zu sprechen – sonst versuche man es mit Englisch. Wenn das nicht geht, sollte man sich rechtzeitig um einen Dolmetscher bemühen.

Persönlicher Kontakt

Nun konkret zur Unternehmenskultur. Es kann nicht oft genug gesagt werden, wie wichtig in der romanisch geprägten Kultur Belgiens der persönliche Kontakt ist. Das spielt gerade bei der ersten Begegnung eine große Rolle. Schon die Begrüßung läuft meist viel lockerer ab als in Deutschland. „Wenn zwei Belgier sich zum ersten Mal begegnen, fangen sie sofort an zu plaudern. Es ist üblich, sich beim ersten Kontakt locker und vor allem humorvoll zu zeigen", so der flämische Historiker Stefaan Marteel. „In Deutschland redet man sofort übers Geschäft und bemüht sich vor allem um einen seriösen und engagierten Eindruck."

Bevor sie über die Möglichkeiten eines gemeinsamen Geschäftes sprechen, wollen die Belgier wissen, mit wem sie es eigentlich zu tun haben. Jean-Paul Detaille vom belgischen Generalkonsulat in Köln erläutert, daß sich Flandern in dieser Hinsicht kaum von Wallonien unterscheidet. „Sie haben beide diese tief geprägte romanisch-lateinische Mentalität, daß keine Abgrenzung verschiedener Lebenssektoren erfolgt. Einen potentiellen Geschäftspartner lädt man zunächst zu Tisch, um über die Familie, die Kinder oder die letzte Urlaubszeit zu plaudern – noch bevor man zu dem Entschluß gekommen ist, ob man überhaupt Interesse daran hat, Geschäftsbeziehungen zueinander zu entwickeln."

Beim Essen werden zunächst Ideen ausgetauscht, man steckt den Rahmen für ein mögliches gemeinsames Projekt ab. Oft plaudert man Drei Viertel der Zeit über anderes oder erwähnt das Geschäftliche nur in einem Halbsatz. Doch das Kennenlernen ist für die meisten Belgier ein wichtiger Teil des Geschäfts. Selbstverständlich wird im Vorfeld in groben Zügen abgeklärt, ob es ein gemeinsames Interesse gibt – aber sobald man denkt, daß es interessant werden könnte, nimmt man persönlich Kontakt auf.

Soweit die Tradition. Allerdings wissen die Belgier natürlich auch, daß diese Sitte nicht überall verbreitet ist. In Flandern arbeitet man so oft mit Partnern aus dem Ausland, daß man sich auch anpaßt, etwa an den amerikanischen Stil, und sofort zur Sache kommt. Aber man sollte sich eben nicht wundern, wenn es nicht so ist.

Arbeitsessen

Was gilt es nun bei einem solchen Essen zu beachten, um was geht es dabei? Und worüber unterhält man sich, wenn schon nicht übers Geschäft? Zunächst einmal sollte man immer im Hinterkopf behalten, daß ein solches Essen der späteren Geschäftsbeziehung als Fundament dient. Bemühen Sie sich um eine gute Stimmung, zeigen Sie sich aufgeschlossen und interessiert. „Man sollte versuchen, sich als Mensch zu zeigen, mit dem sich gut zusammenarbeiten läßt", rät Susanne Debeolles, „und dazu zählt, gerade in Belgien, auch die Genußfähigkeit."

Es empfiehlt sich also weniger, während des Essens eine Leidensmine aufzusetzen angesichts der fetten Soßen und klagend festzustellen, daß deren Verzehr eine Verdoppelung der Joggingzeit in den folgenden Tagen bedeutet. Höchstens ein kokettierendes Witzchen ist erlaubt, nach dem Motto: Na ja, da müssen wir wohl wieder länger joggen gehen morgen. Aber auch das sollte so vorgetragen werden, als würde man den guten Vorsatz eher nicht in die Tat umsetzen.

Denn das ist ja gerade der Punkt: Sind Sie ein kalorienzählender Salatesser, oder können Sie einem süßen Nachtisch nur schwer widerstehen? Beim Essen gibt man etwas von sich preis, und darum geht es bei der ganzen Übung. So platt das vielleicht klingt, aber man überträgt das Verhalten beim Essen auf die Umgänglichkeit im Geschäft. Sitzt da jemand, mit dem ein angenehmer Umgang möglich ist, oder ein Korinthenkacker, der an allem herummäkelt und zum Lachen in den Keller geht? Da wird dem Kalorienzähler dann schnell unterstellt, auch als Handelspartner ein Erbsenzähler zu sein, während der ordentliche Esser gleich die Herzen erobert.

Selbstverständlich gehört zu einer solchen Mittagsmahlzeit auch Alkohol, meist das berühmte belgische Bier oder eine gute Flasche

Abb. 21: „Original holländische Fritjes". Wie jeder Asterix-Leser weiß, sind diese „Fritjes" überhaupt nicht original, denn Pommes Frites kommen ursprünglich aus Belgien.

Michelin-Sterne für Schlemmer

Die Verleihung der Michelin-Sterne wird von der belgischen Bevölkerung jedes Jahr mit Spannung erwartet. Oder besser gesagt, mit freudiger Erwartung – denn man weiß ja schon, daß Belgien wie immer hervorragend abschneiden wird.

Die belgische Küche weist große Ähnlichkeiten mit der französischen auf, aber sie ist weniger raffiniert. Für den französischen Minimalismus der Nouvelle Cuisine haben die Belgier nur ein müdes Lächeln übrig. Wer soll denn von diesen Portiönchen satt werden? In Belgien darf der Teller voll sein und die Sauce üppig, außerdem werden zu beinah allen Kombinationen knusprige Pommes Frites gereicht. Jeder soll selbst bestimmen, wieviel er essen mag. Und wer möchte, kann dem Ganzen beim Kaffee noch eine süße Krone aufsetzen – mit einer Praline aus belgischer Produktion.

Legendär ist auch das belgische Bier. Um 1900 gab es landesweit mehr als 3.000 Brauereien, heute sind es noch rund hundert. Bier ist einer der wichtigsten belgischen Exportartikel, über die Landesgrenzen hinaus bekannt ist vor allem das belgische Trappistenbier. Das heißt aber nicht, daß die Belgier ihr Bier nicht auch gerne selber trinken. „Wenn es einen Ort gibt, an dem Flamen, Frankophone und Deutschsprachige einander verstehen, dann ist es die Theke", so der Journalist Christian Laporte.

Wein. Da sollte man auf jeden Fall mittrinken, sonst wirkt es so, als wolle man immer die absolute Kontrolle behalten. Aber natürlich wird niemand zum Trinken gezwungen, und man hat vollstes Verständnis, wenn jemand – etwa aus gesundheitlichen Gründen – keinen Alkohol trinken möchte. Allerdings sollte man das kurz erklären. Es wirkt manchmal besser, wenn jemand wegen eines Alkoholproblems nur Wasser trinkt, als wenn er befürchtet, sonst am Nachmittag nicht mehr so effizient arbeiten zu können. Das ist nämlich ungesellig.

Weil Essen zur Lebensqualität gehört, nimmt man sich dafür viel Zeit. Daher sind die meisten Belgier mittags zwischen 12.30 Uhr und 14.30 Uhr nicht im Büro zu erreichen. „Abends wird dafür länger gearbeitet", erklärt Marion Schmitz-Reiners, „häufig bis 18 oder 19 Uhr." Das mag einem Deutschen oft unverständlich sein. Man fragt sich: Wie

Abb. 22: Belgien ist zwar nicht die Heimat des Reinheitsgebotes, doch wer gerne Bier trinkt, wird sich hier schnell zu Hause fühlen.

machen die das bloß? Und dann noch der ganze Alkohol, da kann man sich doch nachmittags gar nicht mehr konzentrieren? Aber Edi Clijsters von Flämischen Repräsentanz erklärt mit einem Schmunzeln: „Man verliert hier nicht mehr Zeit als in Holland durch den ganzen Overleg – aber in Belgien verbringt man diese Zeit angenehmer." Doch auch in Belgien ändern sich die Dinge. Die Mittagspausen werden kürzer, und angeblich wird sogar viel weniger Wein getrunken als früher.

Und noch eine Kleinigkeit: Wenn Sie die Belgier nach Deutschland einladen, preisen Sie nicht zu sehr die heimischen Spezialitäten an. In Belgien ist es absolut üblich, den Gästen nur das Beste vorzusetzen, die Belgier sind uns da weit überlegen. Da kann man mit „Himmel un Ääd" oder Hackepeter nicht unbedingt Eindruck machen.

Worüber spricht man?

Das ist zunächst gar nicht so einfach. Man erzählt sich zwar persönliche Dinge, aber dennoch ist Zurückhaltung geboten. Jede Art von Gewissensfragen, Schwierigkeiten oder gar Politik sind Tabu. „Über familiäre Probleme etwa wird grundsätzlich Stillschweigen bewahrt, es gibt eine hohe Mauer zwischen Clan und Außenwelt", so Marion Schmitz-Reiners. Das gilt auch für den Kontakt mit langjährigen Kollegen: Was Probleme angeht, hält man sich bedeckt. Belgier, die in

Neue und alte Kunst

Die aktuelle Kunstszene in Belgien kann auf ein reiches, manchmal vielleicht sogar erdrückendes Erbe zurückblicken: Hier herrschte bereits im Mittelalter künstlerischer Hochbetrieb. Die wirtschaftliche Blütezeit des Mittelalters bescherte Flandern eine Fülle von Künstlern, die geistliche und profane Werke schufen. Jan van Eyck beispielsweise, Rogier van der Weyden, Hans Memling und Hugo van den Goes zählen zu den altniederländischen Meistern, später vertraten vor allem die beiden Pieter Breughel mit ihrer Vorliebe für Alltagsszenen und Hieronymus Bosch durch seine phantastisch-grotesken Bilder eine eigenständige flämische Malerei. Unter dem Einfluß der katholischen Gegenreformation erblühte im 17. Jahrhundert die

Abb. 23: Das „Lamm Gottes", das weltberühmte Altargemälde in der St. Baafs-Kathedrale in Gent.

Barockmalerei, die untrennbar mit Namen wie Peter Paul Rubens, Anton van Dijk und Jacob Jordaens verbunden ist.

Mit dem Symbolismus, dem Surrealismus und dem Expressionismus etablierten sich die belgischen Künstler wiederum in der internationalen Szene. James Ensor, René Magritte und Paul Delvaux stellten im ausgehenden 19. und beginnenden 20. Jahrhundert in ihren Bildern die Welt auf den Kopf.

In den 1950er Jahren dominierten die Künstler der „Cobra"-Gruppe, Aufmerksamkeit erregten außerdem die phantastischen Flugapparate des Objektkünstlers Panamarenko. Auch heute kann die belgische Kunstszene mit Namen wie Jan Fabre und Marie-Jo Lafontaine Künstler internationalen Ranges vorweisen. Der Flame Jan Hoet, bis 2002 Direktor des Genter Museum SMAK, landete bereits 1992 einen großen Erfolg als Direktor der Kasseler Dokumenta IX.

Ulrike Schwabe

Deutschland wohnen, können es oft nicht fassen, wie indiskret hier viele sind. „Wonach mich hier Bekannte auf einer Party fragen, das erzähle ich zu Hause selbst guten Freunden nicht so schnell", sagt eine Belgierin, die in Deutschland lebt.

Aber, werden Sie sich fragen, über was reden die denn mittags, wenn sie drei Stunden im Restaurant sitzen? Nun, man spricht über die Kinder, den letzten Urlaub und erzählt Anekdötchen. Aber alles bitte ganz harmlos, schließlich will man ja das Essen genießen. Kinder sind ein gutes Thema; was sie studieren, was sie wieder ausgeheckt haben. Und es kommt besonders gut an, wenn Sie sich beim nächsten Mal noch an Namen und Alter der Kinder Ihres Gesprächspartners erinnern und nachfragen, wie es denn dem kleinen Luc oder der Marie geht. Es soll sogar Leute geben, die sich nach einem Geschäftsessen Notizen machen – um vor dem nächsten Treffen kurz die familiäre Situation des anderen zu rekapitulieren!

Es wird erwartet, daß man sich für alles interessiert, das gehört einfach zum guten Ton. So kommt es zum Beispiel immer gut an, wenn Sie sich nach dem Land erkundigen. Loben Sie den kulturellen Reichtum der flämischen Städte, die Freundlichkeit der Menschen und das gute Essen. Fragen Sie nach Tips, was man sich denn so ansehen sollte, wenn man demnächst mit der Familie ein Wochenende nach Antwerpen oder in die Ardennen fährt. Sagen Sie etwas Nettes, und behalten Sie immer im Hinterkopf: Sie kommen aus einem großen Land, das in Belgien den Ruf hat, ausgesprochen effizient zu sein. Das führt oft zu

Hemmungen gegenüber den Deutschen – und die lassen sich manchmal schon mit ein paar freundlichen Worten abbauen. Aber fragen Sie niemals nach der politischen Situation und zeigen Sie sich auch nicht zu neugierig. Wie gesagt: Sobald Sie merken, daß Ihr Gegenüber einer Frage ausweicht, haken Sie besser nicht nach!

Das Ganze ist aber auch eine Frage der Generation. Gerade jüngeren Geschäftsleuten ist weniger an diesem höflichen Geplänkel gelegen, viele sind es leid, ständig mit den Geschäftspartnern auf gut Freund machen zu müssen. Wenn Sie zum Beispiel unter Druck stehen und denken: Ich bin doch nicht hierher gekommen, um zu erzählen, daß meine Tochter Vergleichende Literaturwissenschaft und Ägyptologie studiert, dann können Sie ruhig probieren, etwas schneller auf den Punkt zu kommen.

Ansonsten gilt: Freundliche Zurückhaltung ist hilfreich, am besten, Sie lassen die Belgier das Tempo bestimmen. Sie müssen dann vielleicht statt eines Termins zwei in Kauf nehmen, aber es lohnt sich. „Später, wenn man sich etwas besser kennt, geht es dafür um so schneller", geben deutsche Geschäftsleute zur Auskunft, die oft in Belgien zu tun haben.

Abb. 24: Eine wichtige Kontaktbörse für deutsch-belgische Wirtschaftsfragen ist das Belgische Haus in Köln.

Deutsch-belgische Verhandlungen

Zurückhaltung und Bescheidenheit sind nicht nur im Gespräch, sondern allgemein als taktvolle Grundhaltung wichtig. Es kommt darauf an, die Form zu wahren und höflich zu sein. Man sollte immer das Ganze im Blick behalten und an die anderen denken: nicht als erster in der Schlange stehen (etwa beim Büffet), nicht als erster durch die Türe gehen, nicht vordrängeln, nicht auf den besten Platz zustürzen, sondern anderen den Vortritt lassen und schauen, ob alle versorgt sind. Das sind natürlich auch bei uns normale Umgangsformen, aber man sollte wissen, daß darauf in Belgien ganz besonderer Wert gelegt wird. Marion Schmitz-Reiners erklärt: „Die Belgier sind keine Kaufleute. Der Kontakt zählt oft mehr als der Geschäftsabschluß, die soziale Ebene ist wichtiger als der Umsatz. Wenn man, gerade als Deutscher, gegen die Umgangsformen verstößt, kann man gleich wieder abreisen!"

Ein behutsames und langsames Vorgehen ist auch bei Verhandlungen von grundlegender Bedeutung, Höflichkeit wird großgeschrieben. Zunächst gibt es ein kurzes Vorgeplänkel, das meist 10–15 Minuten dauert. Man begrüßt sich, jeder spricht mit jedem, beziehungsweise alle reden durcheinander. Auch hier sollte der Gast zunächst etwas Freundliches über das Land oder das fremde Unternehmen sagen.

Wenn der Verhandlungsleiter das Gespräch eröffnet hat, ist es klüger, nicht sofort das Wort zu ergreifen. Dann widersprechen Sie zumindest dem Vorurteil, das viele Belgier über Deutschen haben. „Deutsche sind bekannt dafür, daß sie immer das Wort an sich reißen. Sie sind immer sehr schnell, sehr effizient, sehr gut und haben bereits alles durchdacht", stellt Schmitz-Reiners fest. Sie gibt den Rat, zunächst die Runde abzutasten und erst die anderen zu Wort kommen zu lassen.

Die eigenen Vorschläge sollte man am besten mit relativierenden Floskeln begleiten, wie: „Ich habe mir da schon mal Gedanken gemacht; korrigieren Sie mich; was halten Sie davon; ich habe mir das so und so gedacht; liege ich da ganz falsch; unterbrechen Sie mich ruhig; mache ich mich deutlich". Also, nicht monologisieren, immer zwischendurch in die Runde blicken, von vornherein Einverständnis erbitten. Forsches Auftreten wird als ausgesprochen negativ erfahren, etwa: „So, das sind meine Punkte, und nun sind Sie dran. Welche Geschäfte kann ich notieren, wer will der erste sein?"

In Belgien ist selbstbewußte Bescheidenheit Trumpf, es ist nicht üblich, die eigenen Vorzüge über Gebühr zu rühmen. Nach dem Motto: „Ich weiß, was ich kann, aber das hänge ich nicht an die große Glocke. Finde doch selbst heraus, daß mein Angebot das beste ist." Man sollte dem anderen daher Raum geben, eine Sache in Ruhe beurteilen zu können. Hier kommt es oft zu Mißverständnissen. Ein Deutscher denkt dann schnell, der Belgier sei nicht überzeugt von seinem eigenen Vorschlag. Und ein Belgier findet die Deutschen arrogant. Fazit: Was bei Deutschen als normal geschäftsmäßig gilt, kommt bei Belgiern ganz anders an.

Das gilt auch im Gespräch zu zweit, etwa wenn man ein Produkt oder ein Konzept vorstellt. Nicht: „Ich habe hier etwas Sensationelles, Sie werden begeistert sein", sondern: „Danke, daß Sie sich Zeit nehmen, vielleicht wollen Sie sich das einmal anhören." Diese Haltung ist Ausdruck von Respekt vor dem Anderen. Wenn Ihnen daran liegt, ein

Geschäft mit einem belgischen Partner auf die Beine zu stellen, sollten Sie dafür sorgen, daß das Gespräch in einem solchen Ton stattfindet. Auch hier gilt: Viele Belgier haben Hemmungen in Deutschland, und die muß man erst abbauen. Das gilt in besonderem Maße für kleine und mittelständische Betriebe, so Jean-Paul Detaille vom belgischen Generalkonsulat in Köln. Oft bekomme er zu hören: „Wir möchten gerne, wir möchten gerne, aber Deutschland ist so groß. Wie können wir uns da gegenüber der Konkurrenz behaupten?"

Die Verständigung dauert in der belgischen Art und Weise natürlich etwas länger. Man sitzt da, die Zeit verstreicht, und es geht kaum voran. Das ist ein kritischer Moment! Wenn Sie jetzt demonstrativ auf die Uhr gucken, in irgendeiner Form nervös werden oder drängeln, war alles für die Katz. Wenn man zeitig gehen will, sollte man das schon zu Beginn ankündigen. Oder darauf verweisen, daß man noch einen Zug erreichen muß und den einen Punkt noch kurz ansprechen möchte.

© Belgisches Verkehrsamt/Himmer.
Abb. 25: „Savoir-Vivre" in der Provinz Lüttich.

Es ist in der Regel aber mehr als ein Punkt, der nicht besprochen wurde. Was dann, wenn man nur zwei Drittel oder drei Viertel der Tagesordnung geschafft hat und wieder zurück muß? „Ganz einfach", sagt Frau Schmitz-Reiners, „man verabredet, zu telefonieren oder zu mailen – und dann geht alles sehr zügig und unkompliziert." Also, am nächsten Morgen anrufen, sich für das nette Treffen bedanken und einen Telefontermin ausmachen, um die restlichen Punkte zu klären. Üblich ist es auch, nach der Besprechung gemeinsam essen zu gehen. Auch dann sollte man nicht versuchen, doch noch alles durchzusprechen, sondern das Essen genießen und wie oben verfahren.

Abschließend bliebe noch zu sagen, daß flämische und wallonische Geschäftsleute generell großen Wert auf Pragmatismus und Kompromißfähigkeit legen. „Nicht zuviel diskutieren, die Sache nicht 'kaputt' reden", rät Dirk Rochtus. „Es ist absolut üblich, einen Kompromiß anzustreben. Niemand darf sich am Ende beleidigt fühlen oder einen Gesichtsverlust erleiden."

Und was die oft nicht ganz so perfekte belgische Vorbereitung angeht: Neben Pragmatismus und Vertrauen in die eigene Improvisationsfähigkeit spielt auch die Unternehmensgröße eine Rolle: Viele belgische Betriebe haben schlichtweg nicht genügend Mitarbeiter, um für jedes Gebiet einen gut präparierten Fachmann in die Sitzung zu schicken.

Höflichkeit und Ausweichen

„Gesichtsverlust" ist ein wichtiges Stichwort. Der Andere muß immer die Möglichkeit zum Rückzug haben, daher werden viele Dinge nur angedeutet. Es ist zum Beispiel absolut unüblich, eine Sache rundheraus abzulehnen. Übereinstimmend geben die Interviewpartner zur Auskunft: „Man wird in Belgien nie Nein sagen." Entweder man sagt „vielleicht", oder man schweigt. „Das belgische Vielleicht steht oft dem deutschen Nein gleich", bestätigt Edi Clijsters. So verrückt sich das anhören mag, aber dieses Ausweichen hat mit Höflichkeit zu tun. Man will niemanden vor den Kopf stoßen.

Wenn es darum geht, ob ein bestimmter Termin eingehalten werden kann, und Ihr belgischer Partner sagt: Das könnte schwierig werden, oder: Da gibt es vielleicht ein Problem – dann heißt das, es geht nicht. In Deutschland ist es eher umgekehrt: Man sagt: „Das ist schwierig", um sich die Möglichkeit eines Mißerfolgs offenzuhalten, aber auch, um die zu erwartende Leistung aufzuwerten.

Belgier gelten manchen Deutschen als unzuverlässig, weil sie etwas nicht tun, wovon die Deutschen dachten, es wäre zugesagt. „Die Deutschen denken dann, die Belgier wollten sie auflaufen lassen", so ein deutscher Geschäftsmann. Aber aus ihrer Sicht hatten die Belgier im Vorfeld deutlich signalisiert, daß sie nicht einverstanden waren oder daß die Sache schlichtweg nicht möglich war. Man muß also auf jedes Zögern achten, aufmerksam sein, auf jeden Vorbehalt eingehen, auch wenn er nur andeutungsweise geäußert wird. Das ist eben ein Code, eine Konvention bzw. eine Frage der interkulturellen Kommunikation. Und die eine Art ist nicht besser oder schlechter, sondern einfach anders. Die deutsche Klarheit zum Beispiel wirkt in Belgien oft brüskierend und verletzend. Etwa wenn jemand einen Vorschlag rundheraus ablehnt und die Schwachstellen vor versammelter Runde gnadenlos bloßlegt. Also, packen Sie ein Paar Samthandschuhe ein.

Vertrackt wird es, wenn die belgische Gegenseite einfach schweigt und noch nicht einmal Andeutungen zu ihrer Haltung oder Stimmung macht. „Das ist die Ursache vieler Mißverständnisse", so einer der Interviewpartner. „Die Deutschen gehen dann davon aus, daß alles okay ist. Aber das Schweigen ist oft nur Höflichkeit. Oder man hätte soviel anzumerken, daß man sich zunächst noch einmal darüber verständigen muß."

Wenn man also merkt, daß die Gesprächspartner verdächtig ruhig werden, fragt man besser freundlich nach, ob man die Sache noch einmal vertagen sollte. Vielleicht hat die andere Seite mehr Zeit nötig, oder es müssen bestimmte Dinge erst noch geprüft werden (was man aber nicht zugeben mag, Stichwort Gesichtsverlust). Alles andere hilft gar nichts. Die Partner würden sowieso eine Woche später neue Vorschläge machen. Da kann man noch so streng entgegnen: Aber das haben wir doch alles so besprochen, warum habt Ihr denn da nichts gesagt.

Das klingt jetzt hier in der Zusammenfassung etwas umständlicher, als es tatsächlich ist. In der Regel werden die deutsch-belgischen Geschäftsbeziehungen als ausgesprochen entspannt und angenehm beschrieben. Aber man muß die Zeichen und Signale kennen, um Mißverständnisse zu vermeiden. Und noch ein letzter Punkt: Wenn Sie sich zwischendurch nach dem Stand der Dinge erkundigen wollen, ist es ein guter Tip, sich einen Vorwand einfallen zu lassen und nicht mit der Tür ins Haus zu fallen. Auch hier kann Direktheit als Mißtrauen interpretiert werden.

Bei kniffligen Fragen wird oft sogar jemand anders vorgeschickt, erläutert Edi Clijsters. Etwa wenn man die Meinung eines anderen einholen möchte, sich dabei aber sehr unsicher ist. „Erkundige Du Dich doch mal, was der Sowieso davon halten würde; ob der Chef diese Idee gut fände; sondiere mal die Lage." Also fühlt man vor, geht über mehrere Ecken; man will mögliche Empfindlichkeiten berücksichtigen. „Der gerade Weg ist nicht immer der schnellste", so Clijsters. Aber vielleicht ist es ja gar nicht so verwunderlich, daß in einer Billardnation wie Belgien elegant über die Bande gespielt wird.

Das geschriebene Wort

Auch was Protokolle und Verträge angeht, gibt es größere Unterschiede. Es ist nicht unbedingt üblich, Absprachen schriftlich zu fixieren. „Selbst Gesprächsprotokolle, in Deutschland oft nur zur gegenseitigen Sicherheit oder als Gedächtnisstütze gedacht, sind in Belgien unüblich", so ein Interviewpartner. „Es ist absolut gang und gäbe, daß auch wichtige Vereinbarungen ausschließlich mündlich getroffen werden." Man kann offenbar jahrelang problemlos zusammenarbeiten, ohne jemals einen Vertrag zu unterzeichnen.

Am besten fragt man zu Beginn die belgischen Partner, wie man es etwa mit einem Gesprächprotokoll halten soll. Sprechen Sie das Thema ruhig direkt an. Man kann sich dann vielleicht darauf einigen, das Besprochene kurz zusammenzufassen. Nach dem Motto: Ich fasse zusammen, wir sind so und so verblieben, und dann ankündigen, daß man das Ganze kurz schriftlich formuliert und dem anderen schickt. Man sollte allerdings klarmachen, daß es sich dabei nur um eine Gedächtnisstütze handelt. Sonst kann es passieren, daß die belgische Seite mißtrauisch wird und Ihr harmloses Protokoll erst einmal wochenlang in der Rechtsabteilung verschwindet.

Der Umgang mit Schriftstücken ist eines der entscheidenden Merkmale der romanisch geprägten Unternehmenskultur Belgiens. Wenn man ein paarmal miteinander zu tun hatte, kann es sein, daß man überhaupt nichts mehr aufschreibt, daß nichts zu Papier gebracht wird. Es geht sehr informell zu, und gerade in kleinen Betrieben ist man nicht so geübt in der schriftlichen Form. Auch bei Verträgen werden generell nur die Basisfakten festgelegt, alles weitere wird individuell realisiert. Lesbar und kurz sollten diese Verträge sein, rät Gert Marmann von der Debelux. Das Meiste sei ohnehin im Arbeitsrecht festgelegt.

Ähnlich wie in den Niederlanden, so wird auch in Belgien nicht gern auf lange Sicht geplant – man unterhält sich eben nicht gern über ungelegte Eier. Lieber vertraut man dem eigenen Pragmatismus und will die Möglichkeit behalten, flexibel zu reagieren. Edi Clijsters erklärt: „Das Improvisationstalent ist in Belgien deutlich besser ausgeprägt als in Deutschland. Dort ist man viel prinzipieller, alles wird vorab geplant und protokolliert. Deutsche wollen immer alles abhaken, Belgier denken eher: Es wird wahrscheinlich doch alles ganz anders kommen, wir planen viel zu weit im voraus."

Man sollte sich darauf gefaßt machen, daß jede Art von Administration verzögernd wirkt. Wenn man mehr vertraglich absichern möchte als üblich, sollte man auf keinen Fall drängeln. Das wirkt kontraproduktiv und dauert dann entsprechend lange. Viele belgische Betriebe haben jedoch eine langjährige Erfahrung mit ausländischen Handelspartnern und sind mit den Praktiken dieser Länder durchaus vertraut. Dennoch erleichtert es die Zusammenarbeit, wenn auch Ihnen die Gewohnheiten der Partner bekannt sind.

Absprachen und Vereinbarungen

Absolut unüblich ist es in Belgien, die Einhaltung von Absprachen anzumahnen, erst recht schriftlich. Wenn eine Information oder Bestätigung ausbleibt und man in Deutschland nüchtern fragen würde: „Wie ist denn jetzt die Lage, stehen Sie noch zu der Sache oder nicht?", dann sollte man für den belgischen Partner wiederum die Samthandschuhe anziehen: „Sicher hatten Sie viel zu tun und sind nicht dazu gekommen, gibt es von Ihrer Seite vielleicht noch Änderungswünsche?" usw. In wichtigen Angelegenheiten ist es ratsam, noch einmal im kleinen Kreis nachzufragen. Ein persönliches Treffen kann manchmal Wunder wirken.

Aber man sollte auch nicht erstaunt sein, wenn die belgische Seite zuweilen etwas lockerer mit Verabredungen umgeht. Nach dem Motto: Das war doch nicht so gemeint, was heißt schon sofort? Generell gilt, daß schon mal gerne zuviel versprochen wird, so einige Interviewpartner. Gert Marmann von der Debelux erklärt, daß die belgischen Geschäftspartner häufiger dazu neigten, zuviel zu versprechen, und dann langsam wieder auf den Boden der Tatsachen zurückgeholt werden müßten. Freundliches Nachfragen kann da nicht schaden, zeigen Sie ruhig Interesse. Es passiert oft, daß der andere sich nicht mehr meldet, aber das muß nicht heißen, daß Irritationen stattgefunden haben. Unter Vorbehalt ließe sich sagen, daß viele Äußerungen um einige Nuancen positiver formuliert werden, als sie gemeint sind. „Vielleicht" heißt meistens „nein", und „ganz ausgezeichnet" bedeutet nicht mehr als „wir sind einverstanden".

Soviel zu den Codes. Es gibt jedoch auch schlichtweg andere Geschäftsusancen, die man kennen sollte. „Für die Deutschen ist es oft ein Problem, daß die Belgier langsamer bezahlen", erklärt Klaus Drossard von der Debelux. „In Belgien ist es üblich, eine Rechnung erst am Ende des folgenden Monats zu bezahlen. In Deutschland ist das anders. Man kennt auch das Skonto kaum in Belgien. Es wird langsamer bezahlt, und die Eigentumsübertragung erfolgt bereits bei Vertragsabschluß." Über diese Unterschiede informiert Sie die Debelux in Köln oder Brüssel, so etwa über die Möglichkeit, sich ganz offiziell und ohne größeren Aufwand über die finanzielle Lage eines neuen Geschäftspartners zu erkundigen. „In Belgien herrscht das Prinzip der gläsernen Tasche", so Drossard weiter, „jeder kann bei der Nationalbank in Belgien von fast jedem Unternehmen eine Bilanz anfordern. Belgische Unternehmen müssen bei der Bilanz-Zentrale bis zum 30. Juni des Folgejahres ihre Bilanz hinterlegen, je nach Unternehmensgröße in kompletter oder verkürzter Form (*Schéma complet* oder *Schéma abregé*).“

Das ist ja alles gut und schön, werden Sie jetzt vielleicht sagen. Aber was ist, wenn wirklich etwas schief läuft? Nach den vorhergehenden Ausführungen ist wohl klar, daß man mit kritischen Bemerkungen äußert vorsichtig sein sollte. Aber wenn man schon seine Vorschläge zurückhaltend präsentieren muß, wie dann erst die Kritik?

„Kritik wird niemals geäußert", hört man oft. „Kritik ist schwierig", bestätigt Susanne Debeolles, „aber sie ist möglich. Das Problem ist, daß Belgier von Deutschen oberlehrerhafte Kritik erwarten und darauf allergisch reagieren. Aber es geht auch anders. Wenn man sich grundsätzlich sympathisch ist, kann man auch Kritik äußern. Sympathie, Wohlwollen und Vertrauen spielen eine große Rolle. Und ob man sich sympathisch ist, hängt oft sehr davon ab, wie das Kennenlern-Essen verlaufen ist!" Hier geht es um Fingerspitzengefühl, man braucht am Anfang das Essen und Trinken, um das Gegenüber einschätzen zu können. Dann läßt sich die Form der Kritik darauf abstimmen.

Auf jeden Fall muß man dafür sorgen, daß der andere sein Gesicht wahrt. Vielleicht baut man ihm eine Brücke oder läßt zu, daß er jemand anderen verantwortlich machen kann. „Gesicht wahren" muß ja nicht unbedingt etwas mit Aufrichtigkeit zu tun haben. Oft wird Kritik auch über Dritte ausgesprochen. Man hört von anderen, was alles schlecht ist und nicht klappt. Auch hier spielt die Höflichkeit eine Rolle. „Man will die Person, die einen Fehler gemacht hat, nicht beleidigen", so Dirk Rochtus, „daher schickt man lieber eine Art Botschafter."

Vielleicht wird das Ganze verständlicher, wenn man sich vor Augen führt, daß auch in Zeitungskolumnen und im Fernsehen wenig grundlegende Kritik geübt wird. „Historisch gesehen gab es kaum eine Streitkultur. Noch vor dreißig Jahren waren störende Meinungen über Tabuthemen wie Abtreibung ein Grund, das Zeitungsabo zu kündigen", so ein früherer Journalist der Tageszeitung *De Standaard*.

Anders liegt die Sache, wenn Ihnen zum Beispiel selbst ein Fehler unterläuft. Das ist meist gar nicht schlimm, und man kann viele Punkte machen, indem man den Fehler offen und ehrlich zugibt. „Offenheit ist das beste", rät ein deutscher Geschäftsmann. „Wenn etwa bei einer Lieferung etwas schiefgegangen ist und die eigene Ware nicht ordnungsgemäß ankommt, sollte man am besten direkt hinfahren. Und wenn die Belgier dann vorschlagen, die Kosten nicht extra in Rechnung zu stellen, sondern erst bei der nächsten Lieferung – lassen Sie sich ruhig darauf ein. Bei der nächsten Partie wird der Extra-Betrag

Medien

Spätestens seit den 70er Jahren kann man in Belgien kaum noch von einer übergreifend „belgischen" Medienlandschaft sprechen. Für alle drei Sprachgruppen gilt, daß sie in voneinander getrennten medialen Subsystemen leben. Es gibt sozusagen drei „Öffentlichkeiten", eine französischsprachige, eine niederländischsprachige und eine deutschsprachige. „Die Belange der anderen Sprach- und Kulturgemeinschaft werden überwiegend durch die Medien des eigenen Netzwerkes wahrgenommen", so der Politikwissenschaftler Reinhard Schiffers.

Das heißt, ein Flame informiert sich über die Belange der Frankophonen im flämischen Fernsehen und in flämischen Zeitungen, von denen *De Standaard* meinungsführend ist. Für die frankophone Seite gilt dies entsprechend, wobei als führende Zeitung *Le Soir* anzusehen ist. Auch die deutschsprachige Minderheit hat eine eigene Zeitung, das *Grenz-Echo*. Ähnlich wie im niederländischen Nachbarstaat hat sich nie eine Boulevardpresse nach deutschem Muster etablieren können.

Führend auf dem Zeitschriftenmarkt sind das flämische Wochenmagazin *Knack* (Themenspektrum in etwa mit dem *Spiegel* zu vergleichen), das französischsprachige Pendant *Le Vif/L'Express* und das Wirtschaftsmagazin *Trends/Tendances*. Die flämische *Humo* steht für eine Mischung aus Pop-Kultur, politischen Themen, *human interest*-Reportagen, Radio- und Fernsehprogramm. Es gibt auch eine deutschsprachige Monatszeitschrift, das *BelgienMagazin*.

Belgien verfügt über eine große Anzahl von Fernsehprogrammen. Mit einer Verkabelung von 95 % aller Haushalte hat das Land eines der dichtesten Kabelnetze in Europa. Die französischsprachige Bevölkerung wird seit den 60er Jahren von der öffentlich-rechtlichen *Radio-Télévision Belge de la Communauté Culturelle Française* (RTBF) mit Radio- und Fernsehsendungen versorgt, im flämischen Teil ist die *Vlaamse Radio en Televisie* (VRT) dafür zuständig. Seit 1977 besteht außerdem in Eupen das *Belgische Rundfunk- und Fernsehzentrum für die deutschsprachige Gemeinschaft* (BRF).

Ab 1989 entstanden die ersten Privatsender, in Flandern VTM (*Vlaamse Televisie Maatschappij*), Kanaal2 und VT4, in Wallonien RTL-TVI. Für ganz Belgien gibt es seit 1989 das Pay-TV-Angebot *Canal Plus Belgique*. Im Radiobereich haben sich die nicht-kommerziellen Sender gut behauptet gegenüber ihrer privaten Konkurrenz, auch hier gibt es die sprachliche Dreiteilung.

Ulrike Schwabe

berechnet, ohne daß der eigene Vorteil ausgenutzt würde. Die Sache ist in Ordnung, und man hört nie wieder etwas davon." Oft schafft gerade der richtige Umgang mit einem Problem besonderes Vertrauen.

Kompetenz

Welche Qualitäten muß man in Belgien haben, um befördert zu werden? Worauf wird bei der Einstellung eines neuen Mitarbeiters Wert gelegt? Wie aus den bisherigen Erläuterungen leicht zu schließen, muß man zunächst einmal Fingerspitzengefühl und gute Umgangsformen besitzen. Auch Sprachkompetenz sei ein wichtiger Faktor, gibt Susanne Debeolles zur Auskunft. „Das Kriterium der Mehrsprachigkeit ist in Belgien sehr hoch angesehen, schließlich ist sprachliche Kompetenz auch kulturelle Kompetenz."

Diplome spielen dagegen eine geringere Rolle. „Qualifikation auf dem Papier zählt nicht so viel", erklärt Marion Schmitz-Reiners, „es

Königshaus

Ein wichtiger einigender Faktor des belgischen Staates ist das Königshaus. „Die landesweite Trauer nach dem Tod des beliebten Königs Boudewijn/Baudouin 1993 schweißte die Nation wieder zusammen", so Geert van Istendael. Nachfolger wurde sein Bruder, der seither als Albert II. an der Seite von Königin Paola regiert.

Beliebt ist heute vor allem die junge Frau des Kronprinzen Philipp, Mathilde d'Udekem d'Acoz, ein großes Ereignis war die Geburt der Tochter Elizabeth im November 2001. Die kleine Prinzessin könnte sogar einmal Königin werden, denn seit 1991 sind auch Frauen als Thronfolger zugelassen.

In der Wirtschaft spielt das Königshaus eine nicht unbedeutende Rolle. „Wenn eine Delegation von einem Mitglied des Königshauses begleitet wird, dann öffnet das Türen", berichtet Susanne Debeolles. „Die Wahrnehmung als Königreich ist sehr wichtig. Im Ausland verleiht es Glanz, aber auch im Inland, etwa bei Tagungen und Kongressen."

Es gibt zwar immer wieder Bestrebungen, die Monarchie abzuschaffen, gerade die föderalen Körperschaften machen die „gesamtbelgische" Institution gerne schlecht. Aber im Prinzip herrscht eher eine gleichgültige Einstellung vor. Nur 1950 diskutierte man ernsthaft darüber, ob Belgien nicht eine Republik werden sollte. Aber seit

Abb. 26: Der stark ausgeprägte Sinn für Formen zeigt sich in dem im Vergleich zum niederländischen Ereignis geradezu klassischen Familienbild des Kronprinzen Philipp, seiner Gattin Mathilde sowie des Königspaares und der Brauteltern. In der Dreisprachigkeit der Beschriftung findet zudem die politische Gegenwart Belgiens ihren Ausdruck.

diese „Königsfrage" überstanden ist, droht dem Königshaus keine wirkliche Gefahr. Es wird zwar gern über die Mitglieder der königlichen Familie gelästert, aber der Glamourfaktor ist nicht zu unterschätzen. Und als Besucher von außerhalb sollte man sich mit Kritik selbstverständlich zurückhalten.

kommt mehr darauf an, was man wirklich kann. Auch ein stringenter Lebenslauf ist nicht so wichtig. Und Titel schon gar nicht." In Belgien spricht man sowieso nur den Arzt mit „Herr Doktor" an.

Einfallsreichtum, Pragmatismus und Kompromißbereitschaft sind geschätzte Tugenden. Bei Problemen muß man sich eben etwas einfallen lassen, Stichwort Schlupfwinkel und Schleichwege. Das gilt sogar für den König. 1990 etwa dankte König Boudewijn/Baudouin für einen Tag ab, als er meinte, die Zustimmung zum neuen Abtreibungsgesetz nicht mit seinem Gewissen vereinbaren zu können. Praktisch das Gesicht wahren, lautet die Devise.

Beziehungen

Die besten Jobs aber bekommt man unter Umständen nur mit Vitamin B. Persönlicher Kontakt und Beziehungen spielen zwar überall eine Rolle, aber in Belgien ganz besonders. Nun ist das angesichts der Bevölkerungszahl nicht ganz so verwunderlich. Bei 6 Millionen Flamen und 4 Millionen Französischsprachigen ist es leicht möglich, daß innerhalb bestimmter Kreise und Branchen „jeder jeden kennt". Und natürlich werden da Empfehlungen ausgesprochen.

Auch als Gast aus dem Ausland kann man diese relative Überschaubarkeit nutzen. Wenn man viel in Belgien zu tun hat, besucht man am besten fleißig Empfänge, Cocktailparties, Vernissagen und Jubiläen. „Auch hochgestellte Personen lassen sich dann blicken", erzählt Marion Schmitz-Reiners, „man sieht Minister mit einem Glas Bier in der Hand, sie mischen sich unters Volk, man kann Leute ungezwungen ansprechen." Das ist eine gute Gelegenheit, Kontakte zu knüpfen. Denn wenn man jemanden kennt, wird man mit Vorrang behandelt. Auf dem Empfang selbst gilt: am besten nicht lange über Berufliches schwafeln, sondern rasch Visitenkarten austauschen, sich dann ein paar Tage später melden und einen Termin ausmachen.

Was man noch wissen sollte: Die Verflechtungen zwischen Wirtschaft und Politik sind in Belgien sehr eng, insbesondere in Wallonien mit seiner Großindustrie. „Das kommt, weil dort große Beträge aus Staatsgeldern in die Wirtschaft gepumpt werden", so Guido Fonteyn. „Geld aus der Staatskasse, aber auch EU-Gelder. Traditionell gibt es eine direkte Einflußnahme der Politik, die in Flandern und Brüssel in dieser Form nicht besteht."

Alte Freunde

Tja, denkt jetzt wohl so manch einer, da stehen doch wohl einige Fettnäpfchen bereit. Aber die Erfahrungen sprechen dagegen. Belgien hat in der Wirtschaft einen exzellenten Ruf, die meisten der befragten deutschen Geschäftsleute loben die gute Zusammenarbeit. Am Anfang dauert es vielleicht ein bißchen länger, aber wenn man das erste Abtasten und Kennenlernen absolviert hat, klappt alles bestens. Dann könne man sich voll auf den anderen verlassen und unkompliziert zusammenarbeiten, so der Tenor.

Der niederländische Marketingfachmann Yke Veraart bestätigt: „Wenn ein Belgier einen persönlichen Kontakt zu einem Deutschen aufgebaut hat, dann ist dies für ihn wichtiger als die billigen Preise oder die bessere Produktqualität bei einem anderen Anbieter. Nach dem Motto: Wir vertrauen ihm, mit ihm machen wir das Geschäft. Punkt aus."

Der persönliche Kontakt ist also das A und O. Viele deutsche Geschäftsleute gaben auch zur Auskunft, sich bei den gastfreundlichen Belgiern sehr wohl zu fühlen. Während der Interviews berichteten sie mit Begeisterung von ihren Erfahrungen und erinnerten sich zum Teil an Einzelheiten, die schon Jahre zurücklagen. Manchmal klang es fast so, als sprächen sie über alte Freunde.

Eigene Notizen

Eigene Notizen

Eigene Notizen

Luxem-burg

Offizieller Name: Großherzogtum Luxemburg
Staatsform: Parlamentarische Monarchie seit 1866
Staatsoberhaupt: Großherzog Henri I., seit 2000
Verwaltung: 12 Kantone
Amtssprachen: Französisch, Deutsch, Luxemburgisch
Fläche: 2.586 km^2
Einwohner: 441.300 = 170 je km^2 (2001)
ausländische Bevölkerung: 164.700 (37,3 %): 58.400 Portugiesen, 20.300
        Italiener, 20.100 Franzosen, 15.100 Belgier, 10.600 Deutsche,
        4.900 Briten
Hauptstadt: Luxemburg (80.700 Einwohner)
Ministerpräsident: Jean-Claude Juncker (CSV-Vorsitzender), seit 1999
        Koalition aus CSV und DP (Christdemokraten-Liberale)
staatliche Feiertage:
23. Juni: Nationalfeiertag (Tag der Feier des Geburtstages des Großher-
        zogs)
weitere arbeitsfreie Feiertage: 1. Januar, Karfreitag, Ostermontag, 1. Mai
        (Tag der Arbeit), Christi Himmelfahrt, Pfingstmontag, 15. Au-
        gust (Mariä Himmelfahrt), 1. November (Allerheiligen), 25./26.
        Dezember

*Quellen: Service central de la statistique et des études économiques
(www.statec.lu)
Der Reiseführer (www.derreisefuehrer.com)*

Groß im Kleinen

Vor Ihrem luxemburgischen Geschäftspartner haben Sie großen Respekt. Der Mann spricht nicht nur fließend Deutsch und Französisch,
sondern auch ziemlich passabel Englisch. Er verdient gutes Geld und
ist außerdem ein kluger, gewandter Typ mit Sinn für Humor. Daher
verstehen Sie gar nicht, warum dieses nette Sprachgenie auf Empfän-
gen oder anderen Festivitäten immer nur mit den anderen anwesenden Luxemburgern zusammensteht und einen Dialekt spricht, den kein
anderer versteht.

Was dahinter steckt? Womöglich ist der Luxemburger selbst gar
nicht so überzeugt von seinem Sprachtalent. Er empfindet es vielleicht
als mühsam, von seiner Muttersprache in eine Sprache zu wechseln,
die er – in seinen Augen – nur so einigermaßen beherrscht. Nun werden Sie sagen, das kann doch gar nicht sein, sein Deutsch ist fast per-
fekt. Aber eben dieses „fast" ist vielen Luxemburgern nur allzu be-

wußt, und das führt zu Unsicherheit. Hinzu kommt das Bewußtsein, einer kleinen Nation anzugehören und sich womöglich herablassenden Bemerkungen über den Kleinstaat oder Finanzplatz auszusetzen. Da bleibt man lieber unter sich.

Diese anfängliche Reserviertheit bestätigt Charles Barthel vom luxemburgischen Centre Robert Schuman. „Fremden gegenüber reagieren viele Luxemburger zunächst eher abwartend. Diese Zurückhaltung sollte aber keineswegs als Arroganz oder Hochnäsigkeit aufgefaßt werden. Gehen Sie also ruhig auf die Leute zu, und fangen Sie ein Gespräch an. Wenn die Luxemburger dann merken, daß von Ihnen nichts zu befürchten ist, ist das Eis schnell gebrochen und die Basis für einen herzlichen Kontakt gelegt."

„Zu befürchten" heißt hier, daß Sie womöglich den Staat Luxemburg und seine Einwohner nicht ernst nehmen. Das ist einer der wichtigsten Punkte, den es für eine gelungene deutsch-luxemburgische Begegnung zu beachten gilt. Das Großherzogtum Luxemburg ist seit 1839 ein unabhängiger Staat, mit Regierung, Verfassung, Rechtssprechung, Polizei – eben allem, was zu einem Staat dazu gehört. Luxemburg ist eine konstitutionelle Monarchie, Staatschef ist der Großherzog. Das sollte man als ausländischer Besucher auf jeden Fall wissen (siehe Kästchen Staatsaufbau und Regierung).

Nationalbewußtsein

Natürlich fällt dem Besucher von außerhalb als erstes auf, wie klein dieser Staat mit seinen 440.000 Einwohnern ist. Aber denken Sie wirklich, daß das Zugehörigkeitsgefühl zu einem Land von dessen Größe abhängt? Fühlt sich ein Luxemburger weniger luxemburgisch als ein Deutscher deutsch? Wohl kaum. In der Regel führen die gemeinsame Geschichte, Kultur und gegebenenfalls Sprache dazu, daß man sich mit der eigenen Nation identifiziert – und da spielt es nur eine untergeordnete Rolle, aus wie vielen Mitgliedern diese besteht. Man kennt sie ja doch nicht alle persönlich, es ist eine *vorgestellte* Gemeinschaft. Das mag für Deutsche ungewöhnlich klingen, denn wir sehen uns aus der Geschichte heraus als eine durch ihre Kultur, d. h. Sprache definierte Nation.

Es wäre jedoch ein unverzeihlicher Fehler, einem Luxemburger zu sagen, seine Sprache sei ja eigentlich ein deutscher Dialekt, und Luxemburg habe jahrhundertelang zum Deutschen Reich gehört. Das wird den Luxemburger wenig interessieren, denn sein Land ist seit mehr als 150 Jahren unabhängig. Luxemburg ist außerdem stark von

Ein bißchen Geschichte

Unabhängigkeit und Souveränität

Auf der Suche nach den prägenden Momenten in der Luxemburger Geschichte liefert der Katalog zum 150jährigen Bestehen des Landes gute Anhaltspunkte. 1989 fand offensichtlich eine Suche nach der eigenen Vergangenheit statt, aus den Geleitworten des Katalogs läßt sich eine Art Pioniergeist ablesen.

Als Konstante in der Luxemburger Geschichte bezeichnet der Historiker Gilbert Trausch die „eingeschränkte Unabhängigkeit" – Eigenständigkeit bei gleichzeitiger Einbindung in größere Zusammenschlüsse. Das war schon 1815 so, als der Wiener Kongresses die heutigen Niederlande, Belgien und Luxemburg zum Königreich der Vereinigten Niederlande zusammenfaßte. Der niederländische König wurde auch Staatsoberhaupt von Luxemburg. Nach der Unabhängigkeit 1839 trat das Land dem deutschen Zollverein bei, als Mitglied des Deutschen Bundes (seit 1815) entsandte es 1848 Abgeordnete in die Paulskirche. Nach dem Ersten Weltkrieg wandte man sich von Deutschland ab, 1922 schloß man eine Wirtschafts- und Währungsunion mit Belgien.

Wirtschaftliche Öffnungen waren, so Trausch, immer auch mit politischen Interessen verknüpft. Noch während des Zweiten Weltkriegs wurde 1944 in London die Benelux-Gemeinschaft gegründet. Luxemburgische Politiker erwiesen sich oft als Mittler im europäischen Einigungsprozeß; dabei achteten sie darauf, die eigene Identität zu bewahren.

Nationalsprache Luxemburgisch

Das Luxemburgische gewann im 19. und 20. Jahrhundert zunehmend an Bedeutung für die nationale Identität, denn es diente der Abgrenzung gegenüber den Nachbarstaaten. Mitte des 19. Jahrhunderts gab es erstmals Politiker, die ihren Wahlkreis auf Luxemburgisch ansprachen, denn sie wollten vom Volk verstanden werden. Die Elite war mehrsprachig und beherrschte Deutsch ebenso wie Französisch. Die Wahl des Luxemburgischen bedeutete ein Eintreten für die Idee der Volkssouveränität, gegen das Französische mit seinen absolutistischen Tendenzen. Luxemburgisch wurde bemerkenswerterweise nicht in Opposition zum Deutschen gesehen. Es stand für die Zugehörigkeit zum (nicht einheitsstaatlichen) Deutschen Bund und war auch eine Abkehr vom französischsprachigen Belgien. Mit der Einführung des allgemeinen Wahlrechts (1919) wuchs die Bedeutung des Luxemburgischen weiter.

der französischen Denktradition geprägt, die die Nation durch den Konsens ihrer Mitglieder bestimmt. Die Frage lautet: Was *wollen* wir sein, wie definieren wir uns? Die luxemburgische Nationaldevise lautet denn auch: *Mir wëlle bleiwe wat mir sin* – Wir wollen bleiben, was wir sind: Luxemburger.

Nun gilt es also herauszufinden, was sie denn sind, die Luxemburger. Zunächst einmal handelt es sich um eine Nation von „Grenzgängern" – mit den bereits erwähnten guten Sprachkenntnissen. Luxem-

Abb. 27: Das Bewußtsein eigener Identität und der Wunsch, sie zu wahren, können nicht deutlicher ausgedrückt werden: „Mir wölle bleiwe, wat mir sin!"

burg ist eine Schnittstelle von romanisch und germanisch geprägter Welt, 42 % der Bevölkerung sprechen drei Sprachen und mehr. Das Land kennt eine jahrhundertealte Tradition von Zusammenarbeit und Einbindung in größere, internationale Strukturen. Wobei den Luxemburgern immer daran gelegen war, ihre Eigenständigkeit zu bewahren (siehe Kästchen Geschichte). Im 19. Jahrhundert gab es eine enge wirtschaftliche Zusammenarbeit mit den deutschen Nachbarn, die kulturelle Ausrichtung war jedoch eher französisch. Das ist bis heute so geblieben. Man blickt auf die *Grande Nation*, die französische Gastronomie, den Pariser Schick. Die Hauptstadt Luxemburg vermittelt den Eindruck einer französisch geprägten Stadt, und dafür gibt es verschiedene Gründe.

Arbeitssprache

Wenn Sie in einem luxemburger Geschäft auf Französisch angesprochen werden, kann es gut sein, daß Sie es tatsächlich mit einem Franzosen zu tun haben. 40 % der Bevölkerung sind Ausländer verschiedenster Nationalitäten. Französisch spricht auch die Mehrheit der rund

Staatsaufbau und Regierung

Luxemburg ist eine konstitutionelle Monarchie. Laut Verfassung besitzt der Staatschef, d. h. der Großherzog, zwar ausgedehnte Rechte; in der Praxis aber erfüllt er hauptsächlich repräsentative Aufgaben. Die eigentliche Macht liegt in den Händen der drei wichtigsten Staatsorgane: der Regierung, des Parlaments und der Gerichte.

Die Regierung (präsidiert vom Premierminister) wird von einem Dutzend Ministern und Staatssekretären gebildet. Weil das Land so klein ist, steht ein und derselbe Minister gleich mehreren Ministerien vor. Die genaue Auflistung der Minister und ihrer respektiven Verwaltungen findet man entweder in den «blauen Seiten» des Telefonbuches oder auf der Homepage des Staatsapparats (s. Links). Die zentralistisch ausgelegte Struktur einer insgesamt bescheidenen und überschaubaren Verwaltung bringt mit sich, daß die Behördengänge im Regelfall wesentlich kürzer sind als etwa bei großen Staaten, auch die Bearbeitung der Akten geht meist zügiger voran als anderswo.*

Abb. 28: Abgeordnetenhaus in Luxemburg. Das Großherzogtum hat seit 1848 eine Verfassung und ein Parlament.

Das Parlament, die *Chambre des députés*, setzt sich aus 60 Abgeordneten zusammen. Traditionsgemäß teilen sich drei große Parteien die Macht im Hohen Hause: die «Schwarzen» von der Christlich-Sozialen Volkspartei (CSV – vergleichbar mit der deutschen CDU/CSU), die «Roten» der Luxemburger Sozialistischen Arbeiterpartei (LSAP – das Luxemburger Pendant zur deutschen SPD) und die «Blauen» der Demokratischen Partei (DP – sie vertreten eine liberale Politik gleich derjenigen der deutschen FDP). Dazu gesellen sich noch drei weitere, kleine Parteien: die Ex-Kommunisten (*Nei Lenk*, d. h. „Neue Linke"), die „Grünen" und das ADR (Aktionskomitee für Demokratie und Rentengerechtigkeit), das aus einer Bürgerinitiative für die Aufbesserung der privaten Altersrenten und der Forderung nach einer Gleichstellung mit den Pensionen der Staatsdiener hervorgegangen ist. Nach einer Wahlniederlage der Sozialisten regiert seit 1999 eine Koalition aus CSV und DP. Premierminister ist Jean-Claude Juncker, als Staatsoberhaupt regiert seit 2000 Großherzog Henri.

Charles Barthel

* Und sollte man sich trotz der relativ niedrigen Zahl von Ämtern im Dschungel der Bürokratie nicht zurechtfinden, weil man nicht weiß, welches Ministerium, welche Dienstelle dieser oder jener Behörde denn nun zuständig ist: Seit geraumer Zeit funktioniert unter der Telefonnummer (+) 80 028 002 ein Informationsservice. Hier bekommt man von Montag bis Freitag zwischen 8 und 12 bzw. zwischen 13 und 17 Uhr alle nötigen Auskünfte.

100.000 Pendler, die jeden Tag nach Luxemburg zur Arbeit anreisen und abends wieder nach Hause fahren. Abgesehen von knapp 20.000 Deutschen (aus dem Raum Trier, der Eifel und dem Saarland) kommen die meisten Pendler aus der belgischen, d. h. wallonischen Provinz Luxemburg oder dem benachbarten Lothringen. Da letztere auch vorwiegend im Gewerbe- und Gaststättenbetrieb tätig sind, ist es für den Einkaufsbummel oder Restaurantbesuch hilfreich, über Grundkenntnisse der französischen Sprache zu verfügen.

Ende 1999 waren 34 % der luxemburgischen Arbeitsplätze mit Ausländern besetzt. Nicht wenige von ihnen besuchen Sprachkurse, um die luxemburgische Landessprache zu erlernen, das „Lëtzebuergesch". Da gerade ältere Luxemburger oft des Französischen nicht mächtig sind, kaufen sie natürlich lieber in Geschäften ein, wo sie ihre eigene Sprache sprechen können. Daher hat eine große Supermarktkette ihre Mitarbeiter verpflichtet, Sprachkurse zu belegen. Auch in Südbelgien, nahe der luxemburgischen Grenze, sind Sprachkurse in Luxemburgisch gut besucht – das erhöht die Chancen bei der Jobsuche.

Wichtigste Fremdsprachen sind Französisch und Deutsch. Im Geschäftsleben kann man sich in der Regel auf Deutsch verständigen. Es sei denn, Sie haben es mit einem kleinen Betrieb zu tun, wo nur Französischsprachige arbeiten. Am Telefon melden sich die meisten Betriebe sowieso zunächst auf französisch. Sie sollten dann kurz fragen, ob Sie auf deutsch verstanden werden, und das ist meistens der Fall. Besondere Entschuldigungen, daß man die Landessprache leider nicht beherrsche und daß einem das ja furchtbar leid tue, werden als überflüssig angesehen – die Luxemburger sind flexibel und haben sich längst auf Fremdsprachen eingestellt. Aber wenn Sie ein paar Wörter kennen, etwa im Geschäft mit „Bonjour" grüßen oder „Moie" sagen, macht das einen guten Eindruck. Es kommt jedoch vor, daß auch die Telefonzentrale mit Franzosen oder Belgiern besetzt ist, die kein Deutsch sprechen. Dann kann man immer noch auf Englisch ausweichen.

„Französischkenntnisse sind im Geschäftsleben allerdings von großem Vorteil, gerade auf dem Finanzplatz", so Charles Barthel. „Man sollte als Deutscher keine Angst haben, sich auch in holprigem Französisch auszudrücken. Kein Luxemburger wird sich darüber lustig machen, ganz im Gegenteil. Mit schlechtem Französisch können Sie mehr punkten als mit gutem Deutsch, nicht zuletzt weil Sie damit auch gleichzeitig – insbesondere bei der älteren Generation – dem Image vom *Preiss* (Preußen) entgegenwirken".

Bei feierlichen Themen oder offiziellen Anlässen empfiehlt sich ebenso das Französische, das seit jeher auch offizielle Amtssprache ist. Alles, was mit Verwaltung und Administration zu tun hat, geht auf Französisch vonstatten, auch die Gesetzestexte sind auf Französisch verfaßt. Für offizielle Briefe und Festreden, Ansprachen zu staatlichen Anlässen, in der Wirtschaft wie auch im akademischen Bereich wählt man passenderweise die Sprache der Diplomatie.

Luxemburgisch

In der Familie und im Freundeskreis aber spricht jeder Luxemburger ausschließlich Luxemburgisch. Es handelt sich um einen moselfränkischen Dialekt, der dem Deutschen recht nahe steht. Die Luxemburger verstehen ihre Sprache aber nicht als Dialekt, sondern als eigene Sprache. Luxemburgisch ist seit 1984 offizielle Nationalsprache und von der Europäischen Union als eigene Sprache anerkannt. Das Luxemburgische spielt eine wichtige Rolle für die nationale Identität. Und die Luxemburger betonen gegenüber den Belgiern gerne, daß sie ja, im Unterschied zu den Nachbarn, eine eigene Nationalsprache haben.

Auch hohe Bankchefs – so sie denn Luxemburger sind – sprechen Luxemburgisch. Und das Staatsoberhaupt, der Großherzog, wendet sich selbstverständlich in der Landessprache an sein Volk. In Parlamentsdebatten werden oft alle drei Sprachen durcheinander gebraucht, gerade bei emotionaleren Themen wechselt man gerne ins Luxemburgische. Im Umgang mit Behörden ist das Luxemburgische ebenso gestattet, die Beamten sollten in der vom Bürger gewählten Sprache antworten. „Aber das tun sie nicht immer", gibt Charles Barthel zur Auskunft, „denn auch die Beamten haben die freie Wahl."

Schon in der Schule werden die Kinder zur Dreisprachigkeit erzogen. In der Grundschule lernen sie vom ersten Schuljahr an Deutsch und ab dem zweiten bereits Französisch. Während der Grundschulzeit und in den ersten drei Jahren der weiterführenden Schulen bleibt Deutsch Unterrichtssprache. Danach erfolgt ein Wechsel zu Französisch als Unterrichtssprache, gleichzeitig wird Englisch als dritte Fremdsprache eingeführt. In den letzten Schuljahren findet der Unterricht dann beinahe ausschließlich auf Französisch statt. Da es in Luxemburg (noch) keine vollständige Universität gibt, müssen die Abiturienten zum Studium ins Ausland gehen. Meist wählen sie als Studienort Belgien oder Frankreich, für technische Studiengänge ist auch Deutschland beliebt. So vervollständigen die luxemburgischen Kosmopoliten ihre multikulturelle Ausbildung.

Im Prinzip ist das Land also dreisprachig, und das ist auch in der Medienwelt gut zu sehen. Die luxemburgischen Zeitungen enthalten

Medien

Für ein kleines Land mit 400.000 Einwohnern gibt es in Luxemburg erstaunlich viele „einheimische" Tageszeitungen – gleich ein halbes Dutzend an der Zahl. Zu bemerken ist auch einleitend, daß vier von ihnen zweisprachig oder gar dreisprachig sind. Die Artikel sind vorwiegend auf Deutsch geschrieben, aber es gibt auch Beiträge auf Französisch und, allerdings eher selten, auf *Lëtzebuergesch*. Die bei weitem bedeutendste Tageszeitung ist das *Luxemburger Wort*, ein konservatives Blatt, das der Christlich-Sozialen Volkspartei nahe steht. Nahezu jeder Haushalt im Großherzogtum hat ein Abonnement.

Ebenfalls deutsch- und französisch- (bzw. lëtzebuergesch-) sprachig sind das *Tageblatt* und das *Lëtzebuerger Journal*. Ersteres steht der sozialistischen Arbeiterpartei nahe; letzteres ist das Organ der Demokratischen Partei. Außerdem gibt es noch die kommunistische – oder sollte man besser sagen: post-kommunistische? – *Zeitung vum Lëtzebuerger Vollek*. Ihre Auflage ist mit wenigen hundert Exemplaren noch wesentlich niedriger als die des Demokratischen Blattes.

Außerdem sind seit geraumer Zeit zwei neue, rein französischsprachige Tageszeitungen an den Kiosken zu haben. *La Voix du Luxembourg* („Die Stimme Luxemburgs") ist ein Ableger des katholischen *Luxemburger Wort*. Bis vor kurzem erschien *La Voix* lediglich als einfache Beilage des *Wort*. Sie beinhaltete nur die wichtigsten in- und ausländischen Meldungen. Heute aber bildet das Blatt eine eigenständige und vollständige Zeitung mit eigener Redaktion. Ganz neu ist auch *Le Quotidien*, eine Zeitung, die auch sonntags ihre Leser erfreut und von sich behauptet, politisch unabhängig zu sein.

Erwähnenswert sind zu guter letzt noch zwei ganz unterschiedliche Wochenblätter, die eher in intellektuellen Kreisen gelesen werden: das politisch unabhängige *Letzebuerger Land*, eine etwas anspruchsvollere Zeitung, die sich u. a. mit nationaler und internationaler Politik, Wirtschaft, Finanzen und Kultur auseinandersetzt, und der *Feierkrop* (Feuerhaken), ein satirisches, freches Blatt. Mal ganz erfrischend lustig, mal ganz einfach unter der Gürtellinie werden hier auf vier Seiten in Text und Karikatur Politiker und sonstige Luxemburger „Persönlichkeiten" gnadenlos auf die Schippe genommen. Eine gewisse Kenntnis über das Milieu und die Affären der einheimischen VIPs (bzw. solche, die es gerne wären oder werden möchten) ist allerdings Voraussetzung, um die zahlreichen Anspielungen und verklausulierten Attacken verstehen zu können.

Und, nicht zu vergessen, auch die *Bildzeitung* findet in Luxemburg reißenden Absatz, genauso wie der deutsche *Kicker*. Das Blatt ist bei Sportfanatikern ähnlich beliebt wie die französische *L'Équipe*, die insbesondere während der *Tour de France* im Juni/Juli wie warme Semmeln über die Theke geht.

Und sogar Fernsehen auf *Lëtzebuergesch* gibt es. Jeden Tag eine Stunde lang ab 19 Uhr, mit stündlicher Wiederholung bis 23 Uhr. Die erste Sendehalbzeit – das Magazin – beschäftigt sich mit unterschiedlichsten Themen (Gesundheit, Gerichtschronik, Kochstudio, Reportagen über Land und Leute usw.); die übrigen 30 Minuten bilden den Nachrichtenblock, in dem hauptsächlich einheimische Ereignisse in Bild und Wort kommentiert werden, inklusive Wetterbericht.

Die internationalen Nachrichten bezieht der Durchschnittsluxemburger über die ausländischen TV-Anbieter. Wegen der zentralen geographischen Lage des Landes hat jeder verkabelte Haushalt, d. h. fast alle, die Auswahl zwischen 30 bis 40 Programmen: BBC-World und CNN, portugiesisches, spanisches, italienisches, niederländisches, belgisches, allen voran aber französisches und deutsches Fernsehen liefern eine bunte Programmvielfalt, bei der jeder etwas für seinen Geschmack und sein Niveau finden kann.

Charles Barthel

meist Artikel in den verschiedenen Sprachen (siehe Kästchen Medien), in den Buchläden gibt es ein reichhaltiges Angebot an deutschen und französischen Neuerscheinungen. Auch bei den Fernsehnachrichten verläßt man sich auf deutsche und französische Sender. Und die Luxemburger wissen auch, welche neuen Serien gerade auf RTL oder ProSieben laufen.

Umgangssprache ist jedoch, wenn man unter sich ist, immer Luxemburgisch. Das ist natürlich auch ein Ausschlußkriterium, man weiß sofort, wer „dazugehört". Wer sich also in Luxemburg niederläßt und Anschluß sucht, sollte unbedingt die Sprache erlernen. Ob es dann mit der Integration auf Anhieb klappt, hängt jedoch oft von Faktoren ab, die mit dem Neuling persönlich gar nichts zu tun haben.

Reserviertheit und Zurückhaltung

Die luxemburgische Festung ist zwar schon lange geschleift, aber ein gewisses Bedürfnis nach Abschottung hat sich offenbar erhalten. Vielleicht führen gerade die starken äußeren Einflüsse und Abhängigkeiten dazu, sich auf das Eigene zu besinnen – damit es nicht verloren geht. Die Sprache wird gepflegt, aber auch Tradition und Familie sind

Feiertage

Die großen Feiertage wie *„Kléesechersdag"* (Sankt Nikolaus), Weihnachten, Ostern, Mariä Himmelfahrt (*Léif Fra Wëschdag*), Pfingsten oder Allerheiligen sind die gleichen wie in den katholischen Bundesländern Deutschlands. Etwas Besonderes sind dagegen zwei spezifisch einheimische religiöse Feste:

Erstens die zu Ehren des hl. Willibrord in der Abteistadt Echternach alljährlich am Pfingstdienstag veranstaltete *Springprozession,* zu der auch viele Pilger aus der benachbarten Eifel anreisen (die Pilger tanzen durch die Stadt, drei Schritte vor und zwei zurück, bis zur Basilika, in der die Gebeine des Missionars aufbewahrt werden). Zweitens die sogenannte „Oktav". Diese Pilgerfahrt zur „Trösterin der Betrübten", der Landespatronin, führt während zwei Wochen (3. bis 5. Sonntag nach Ostern) Gläubige aller Pfarreien des Landes zum Standbild *Unserer Lieben Frau zu Luxemburg*. Sollte man während der besagten Zeitspanne im Lande verweilen, ein Sprung in die festlich geschmückte Kathedrale der Hauptstadt lohnt allemal, um einer Tradition zu begegnen, die vielen Luxemburgern sehr zu Herzen geht. Trotzdem: Springprozession und Oktav sind keine gesetzlichen Feiertage, an ihnen wird gearbeitet und Geld verdient wie sonst auch.

Abb. 29: Die Wallfahrt zum Grabe des hl. Willibrord ist ein Ereignis von europäischen Dimensionen.

An „weltlichen" Feiertagen gibt es neben dem 1. Mai auch noch *Groußherzog's Gebuertsdag*, wie man den „Nationalfeiertag" in Anlehnung an frühere Zeiten gerne nennt. Einstmals war der Nationalfeiertag in der Tat der Geburtstag des Landesfürsten oder der Landesfürstin. Heutzutage wird dieses Fest aber stets am 23. Juni gefeiert. Es beginnt bereits am Vorabend, also am 22., mit dem „populären" Teil der Festlichkeiten: Auftritt zahlloser Musikkapellen, Tanzveranstaltungen usw. an vielen Orten; Fackelzug und großes Feuerwerk in der Hauptstadt. Am 23. dann findet der offizielle Teil des alljährlichen Programms statt: feierliches Te Deum in der Kathedrale; Wachablösung vor dem Palais, Militärparade, wobei die gesamte Armee am

> Großherzog vorbeimarschiert – das dauert aber nicht so furchtbar lange, wie man denken könnte; schließlich verfügt die Streitmacht, inklusive Koch und Küchenpersonal, über kaum mehr als 1.000 Mann.
>
> *Charles Barthel*

wichtige Werte. Luxemburg ist überschaubar, hier kennt jeder jeden – und das seit Generationen. Das führt zu einem familiären Umgang. „Wir sitzen alle in einem Boot; Miteinander bringt Vorteile", diese Äußerungen drücken eine weit verbreitete Haltung aus.

Ein einender Faktor ist auch die Religion. 95 % der Bevölkerung sind katholisch, die evangelische Kirche spielt kaum eine Rolle. Die meisten Luxemburger werden auch heutzutage noch katholisch erzogen, die katholische Tradition ist vor allem innerhalb der Familie stark ausgeprägt (siehe Kästchen Feiertage).

Auch was die soziale Struktur betrifft, sind die Luxemburger eine ziemlich homogene Gesellschaft. Es gab nie einen bedeutenden Adel, kein ausgeprägtes Großbürgertum und auch historisch keine großen Gefälle zwischen den sozialen Schichten. „Die meisten Luxemburger stammen aus Familien, die noch vor einem halben Jahrhundert einfache Bauern, Gruben- oder Schmelzarbeiter waren. Das prägt auch heute noch den Charakter der Umgangsformen", so ein luxemburgischer Wissenschaftler. Einfachheit, Pragmatismus und Bodenständigkeit sind in Luxemburg geschätzte Tugenden. Die elegante Konversation, gestelzte Umgangsformen oder gar Schicki-Micki-Allüren liegen den meisten weniger.

Es gibt offenbar ein gewisses Maß an Mißtrauen und Unsicherheit Fremden gegenüber. Viele Luxemburger haben den Komplex, aus einem kleinen Staat zu kommen, und befürchteten, deshalb nicht ernst genommen zu werden. Diese Schneckenhausmentalität sollte man aber nicht als Desinteresse oder Arroganz werten. „Luxemburger sind nicht besonders spontan, sie machen ungern den ersten Schritt. Aber wenn diese kleinen Anlaufschwierigkeiten überwunden sind, ist der Umgang oft sehr herzlich und unkompliziert", verspricht Charles Barthel.

Da blickt ein Außenstehender manchmal nur schwer durch – denn wenn man sich die Wirtschaftszahlen und die politischen Erfolge ansieht, gibt es ja keinen Grund, sich zu verstecken! Und auf ihren Erfolg sind die Luxemburger auch durchaus stolz. „Wir haben hier alles gut geregelt, unser Vorgarten ist in Ordnung, es gibt wenig soziale Probleme, wir haben quasi Vollbeschäftigung" – das ist oft zu hören.

Europäer der ersten Stunde

Die Luxemburger sind überzeugte Europäer: 77 % der Bevölkerung stehen der EU zustimmend gegenüber, in den anderen EU-Mitgliedstaaten liegt die Durchschnittsquote bei nur 50 %. Bereits 1986 wurde das ganze luxemburgische Volk für seine europafreundliche Haltung mit dem Aachener Karlspreis ausgezeichnet. Das Großherzogtum dient mehreren EU-Institutionen als Standort: Der Europäische Gerichtshof ist hier angesiedelt, der Europäische Rechnungshof, die Europäische Investitionsbank, der Entwicklungsfonds, das Statistische Amt, die Übersetzerbüros der EU sowie einige Dienste der Kommissionsverwaltung.

Viele luxemburgische Politiker genießen international hohes Ansehen. Sie gelten als gute Vermittler, die sprachliche und kulturelle Kompetenz mit politischem Geschick verbinden. Schon oft waren es Luxemburger, die zwischen Frankreich und Deutschland die Wogen glätteten. Pierre Werner und Gaston Thorn etwa begründeten in den siebziger und achtziger Jahren den guten Ruf der Luxemburger Ratspräsidentschaften. Werner war es auch, der schon frühzeitig den Plan für die europäische Währungsunion mitentwickelte. Solche Projekte setzen in den beteiligten Ministerien eine Beamtenschaft voraus, die weit über die Grenzen des eigenen Staates hinausschaut. Kirchturmpolitik wird im katholischen Luxemburg also sicher nicht betrieben.

Als Präsident der Europäischen Kommission genoß der Luxemburger Jacques Santer großes Ansehen, und auch der gegenwärtig amtierende Premierminister, Jean-Claude Juncker, ist seinen Kollegen in Deutschland und Frankreich ein geschätzter Gesprächpartner. Als „Retter des Gipfels" von Dublin wurde er 1996 bezeichnet: Nach einem Schlagabtausch zwischen dem französischen Präsidenten Chirac und dem deutschen Finanzminister Theo Waigel – es ging um Fragen der Haushaltsdisziplin und des Stabilitätspaktes – war es offenbar der sprachgewandte und diplomatische Juncker, der alle wieder an einen Tisch brachte.

Es gibt jedoch nicht nur Politiker, die über die Grenzen hinaus bekannt sind. International berühmt (und gefürchtet) ist auch das internationale Abkommen über die Aufhebung der Personenkontrollen innerhalb der europäischen Grenzen, das 1995 im luxemburgischen Winzerdorf Schengen beschlossen wurde.

Kurz: *Small is beautiful.*

Es ist also ein guter Tip, von Beginn an zu signalisieren, daß Sie das Land ernst nehmen und dies auch äußern. Ein kleines Lob kann manchmal Wunder wirken. Dann sei der luxemburgische Gesprächspartner beruhigt und denke „Aha, der nimmt uns ernst", so Charles Barthel. Themen können dabei die luxemburgischen Verdienste in der Europa-Politik sein, die Sprachkompetenz oder die Wirtschaftsstärke. Bei den Recherchen zu diesem Buch äußerte sich die luxemburgische Reserviertheit übrigens darin, daß viele der Interviewpartner zwar sehr entgegenkommend und auskunftsfreudig waren – aber auf keinen Fall zitiert werden wollten.

Abb. 30: Neben Brüssel und Straßburg ist Luxemburg heute die dritte Hauptstadt Europas. Unter anderem hat hier der Europäische Gerichtshof seinen Sitz.

Multikulti

Luxemburg ist sehr weltoffen – was man bei solch einer eingeschworenen Gemeinschaft ja nicht unbedingt erwarten würde. Der Ausländeranteil liegt momentan bei 40 %, und auch dies hat Tradition. Das Großherzogtum ist seit Generationen ein Einwanderungsland, viele der heutigen Luxemburger haben Vorfahren aus Frankreich, Belgien, Deutschland, Italien und Portugal. Hinzu kommen die 100.000 Pendler, die jeden Tag an- und abreisen. In der Hauptstadt sind nur 45 % der Bevölkerung „Ur-Luxemburger". Luxemburg macht also schon einmal vor, wie das Europa von morgen aussehen könnte.

Die Beschäftigten von außerhalb bringen oft neue Techniken und Know-How mit, die luxemburgischen Unternehmen profitieren von qualifiziertem Personal. Außerdem lassen die Pendler natürlich auch einiges an Geld im Land, vor allem für Tabak und Benzin. Mit der Integration gibt es offenbar keine größeren Probleme, was wohl vor allem auf die gute Beschäftigungslage zurückzuführen ist. Neuerdings kommen sogar Einwanderer von den portugiesischen Kapverden, die hauptsächlich im Baugewerbe Arbeit finden. Auffallend ist, daß die Ausländer meist am Fuß oder an der Spitze der sozialen Leiter stehen. Etwas überspitzt gesagt, sind sie entweder Hilfsarbeiter auf dem Bau oder Vorstandschefs.

Auf der einen Seite also eher provinziell, auf der anderen Seite ausgesprochen international und weltoffen – in Luxemburg sind das zwei Seiten der gleichen Medaille. Nicht ohne Grund wird das Land oft als eine Provinz der Weltbürger bezeichnet. „Der Luxemburger schwankt zwischen Provinzialismus und Weltbürgertum, zwischen bodenständiger Verwurzelung des Ardennerbauern und der Anpassung des überzeugten Europäers", erläutert Jul Christophory, der ehemalige Direktor der Nationalbibliothek.

Verschiedene Unternehmenskulturen

Aufgrund der Auslandserfahrung vieler Luxemburger, der hohen Zahl an ausländischen Beschäftigten und der geringen Größe des Landes hat sich keine einheitliche Unternehmenskultur herausgebildet. „Die Luxemburger sind sehr geübt darin, sich ausländischen Geschäftspartnern und ihrem Stil anzupassen. Je höher die Führungsetage, desto besser kann man sich auf die Gesprächspartner aus dem Ausland ein-

Vorzeigeunternehmen mit Tradition – die *Arbed*

Das Schicksal des großen Stahlkonzerns *Arbed* war über hundert Jahre hinweg eng mit der politischen und wirtschaftlichen Situation Luxemburgs verknüpft. Bis in die 1950er Jahre diente die Stahlindustrie als wichtigste Wohlstandsquelle des Landes. Als politische Maxime galt daher: „Was gut für die *Arbed* ist, ist gut für das Land". Gut auch für die Nachbarländer, möchte man als EU-Bürger hinzufügen – war doch das Schicksal der *Arbed* eng mit dem europäischen Einigungsprozeß verbunden. Aber der Reihe nach.

Mitte des 19. Jahrhunderts begann man an der Südgrenze des Landes mit dem Abbau von Eisenerz, der Minette. Rasch entwickelte sich eine Hüttenindustrie, die mit ihren Hochöfen, Fabrikhallen und rauchenden Schloten die ländliche Gegend veränderte. Auch die wirtschaftliche und soziale Struktur wandelte sich, als die Bauern nach und nach zu Fabrikarbeitern wurden.

1911 fusionierten mehrere Hüttenwerke zur Arbed-Gruppe, auch belgische und deutsche Unternehmen waren hieran beteiligt. Hinter der Abkürzung verbirgt sich: „Aciéries Réunies de Burbach, Eich et Dudelange" (Vereinigte Stahlwerke von Burbach, Eich und Dudelange). Untrennbar mit der Geschichte des Werks verbunden ist der Name Emil Mayrisch. Als Hauptinitiator und erster Generaldirektor der *Arbed*

sah er sich nach dem Ersten Weltkrieg zwischen den Fronten französischer und deutscher Interessen. Mayrisch setzte sich für Verständigung ein und suchte nach konkreten Lösungen. Dabei blickte er weit über das tagespolitische Geschehen hinaus. Mayrisch war klar, daß das unabhängige Großherzogtum nur dann Bestand haben konnte, wenn die beiden großen Nachbarn friedlich miteinander auskamen. Daher entwickelte er bereits in den 20er Jahren den Plan einer „Montanunion" – einer internationalen Rohstahlgemeinschaft mit festgelegten Förderquoten. Doch der Unfalltod Mayrischs 1928, die Wirtschaftskrise 1929 und vor allem der aufkommende Nationalsozialismus haben die Realisierung seiner deutsch-französischen Aussöhnungspolitik verhindert.

Mit der Europäischen Gemeinschaft für Kohle und Stahl wurden Mayrischs Ideen in den frühen 1950er Jahren wieder aufgegriffen. Interessanterweise stammt die politische Initiative zu diesem ersten europäischen Gemeinschaftsunternehmen ebenfalls von einem „Luxemburger" – dem französischen Außenminister Robert Schuman, der in Luxemburg geboren und aufgewachsen ist. Daß Schuman, zusammen mit Jean Monnet, eine Einigung gerade auf dem Gebiet der Schwerindustrie anstrebte, war für das Großherzogtum ein Glücksfall. So stellte Luxemburg von Anfang an einen ebenbürtiger Partner dar, und 1952 wurde die Stadt Luxemburg zum ersten Sitz der Hohen Behörde der EGKS.

Drei Jahrzehnte lang boomte die Stahlindustrie, die ständig expandierende Produktion sorgte für fast 30.000 Arbeitsplätze. Von der Stahlkrise in den 70er Jahren hat sich die *Arbed* inzwischen wieder erholt. Die Produktion ist umgestellt auf Elektrostahl, ein neuer Schwerpunkt liegt in den Bereichen Forschung und Entwicklung. Die Arbed-Gruppe war mit 7.600 Beschäftigten im Jahr 2001 das größte luxemburgische Unternehmen. Ein Aushängeschild ist nach wie vor auch der repräsentative Palast der *Arbed* an der Avenue de la Liberté, den viele Touristen für den Palast des Großherzogs halten.

Abb. 31: Der Hauptsitz des Arbedkonzerns ist ein Zeugnis des Selbstwertgefühls der Industriekapitäne des stählernen Zeitalters.

Quellen: Charles Barthel, Rothe Erde; Katalog „De l'Etat à la Nation 1839–1989"; www.arbed.lu

stellen. Das geschieht beinahe instinktiv, denn hier haben ja viele im Ausland studiert oder gearbeitet" erklärt Jean-Claude Felten, Berater im Stab des Premierministers. Gegenüber Amerikanern etwa sei man locker, komme direkt zur Sache und beherzige die „No nonsense"-Mentalität. Ebenso könne man sich auch auf die deutschen und französischen Partner einstellen.

Da sich im 19. Jahrhundert rund um die Stahlindustrie viele Familienunternehmen ansiedelten, wird jedoch im Stahlsektor oft noch eine Art luxemburgischer Unternehmenskultur gepflegt. „In einigen luxemburgischen Betrieben gibt es noch traditionelle Unternehmensstrukturen, aber das ist stark sektorabhängig", so Felten weiter. „Ich denke, daß der Kontakt in luxemburgischen Betrieben direkter und einfacher ist, daß es weniger Hierarchien und innerhalb dieser Hierarchien weniger Hemmungen gibt", so einer der interviewten Geschäftsleute.

Prägend vor allem für die Stahlindustrie war das sogenannte „Luxemburger Modell". Seit den siebziger Jahren wird nach diesem trilateralen Prinzip der Mitbestimmung verhandelt, wonach Arbeitgeber, Gewerkschaften und Regierungsvertreter gleichberechtigt an einem Tisch sitzen. Es gibt also eine Drittel-Mitbestimmung von Arbeitnehmerseite. Mit Hilfe dieses Modells hat man auch in den Krisenzeiten der achtziger Jahre große Entlassungen umgehen können und damit größere Streiks oder gewalttätige Unruhen wie im benachbarten Lothringen vermieden. Eine Art Poldermodell ohne Polder.

Der Umgang mit den Sozialpartnern spiegelt sich auch im Verhältnis zwischen Arbeitgeber und Personal wieder. Man bleibt im Gespräch, es gibt oft einen engen Kontakt zwischen Gewerkschaft und Direktion. Konsens, Mitbestimmung und soziale Bindung sind die Zauberworte. Auch Loyalität spielt eine Rolle: In den traditionellen Betrieben bleiben die Mitarbeiter oft von der Lehre bis zur Pensionierung. Das prägt natürlich. Viele Luxemburger Geschäftsleute bezeichnen die Direktheit des Gesprächs und die familiäre Unkompliziertheit des Umgangs als charakteristisch.

Das muß natürlich nicht immer so sein. Der Unternehmensberater John Mole stellt in seiner vergleichenden Studie fest, daß gerade die Familienunternehmen einen autoritären Führungsstil pflegen. Es gebe oft einen autokratischen Patron, und wichtige Entscheidungen würden nicht selten ausschließlich im Familienkreis getroffen. Aber das ist wohl nicht nur in Luxemburg der Fall.

Im Finanzsektor oder bei ausländischen Firmen trifft man in der Regel andere Unternehmensstrukturen an. Auch hier gibt es größere Unterschiede. In den luxemburgischen Banken findet man zuweilen

Bankplatz

Der Finanzplatz Luxemburg hat das Jahr 1999 mit einer eindrucksvollen Bilanz abgeschlossen. Die Fondsindustrie ist der mit Abstand bedeutendste Sektor, sie verwaltet ein Anlagevermögen von umgerechnet 1.340 Mrd. DM. Das entspricht gegenüber 1998 einer Zunahme von 27 %. Damit hat Luxemburg Frankreich vom Spitzenplatz in Europa verdrängt und sich weltweit auf Platz zwei hinter den USA positioniert. Es gibt in Luxemburg über 200 Bankunternehmen, die zusammen über 23.000 Mitarbeiter beschäftigen. Die Bilanzsumme belief sich im Jahr 2000 auf 647,7 Mrd. Euro, der Nettogewinn nach Steuern betrug 2,6 Mrd. Euro.

Die luxemburgische Steuergesetzgebung begünstigt Gewinne aus Kapitaleinkünften. Dank der Steuerpolitik und der damit verbundenen Entwicklung des Bankplatzes gelang es in den 1970er Jahren, die Stahlkrise abzufangen. „Aufgrund seiner Gesetzgebung und eines streng gehüteten Bankgeheimnisses hat sich Luxemburg zu einem Steuerparadies entwickelt", so der Publizist Ernst Kobbert. Aber das Bankgeheimnis gibt es ebenso in der Schweiz oder Österreich. Die Luxemburger Banken hätten sich hier nichts vorzuwerfen, erklärt Jean-Claude Felten. „Sie ar-

Abb. 32: Spätestens seit Einführung der Quellensteuer in Deutschland ist der Bankplatz Luxemburg fast jedem ein Begriff.

beiten intensiv mit bei der Verbrechensaufklärung, etwa nach den Anschlägen am 11. September 2001, und an der Bekämpfung des Weißwaschens von Geldern." Auf Nachfrage werden alle Daten herausgegeben – nicht an Finanzämter, aber an die Staatsanwaltschaften.

Und zum Thema Steuerhinterziehung sagen viele Luxemburger: Wer sind denn hier die schwarzen Schafe? Doch wohl die Deutschen, die ihr Geld schwarz über die Grenze bringen. Wer schummeln wolle, finde immer ein Schlupfloch. Und außerdem, meint der eine oder andere augenzwinkernd: Besser das Geld bleibt in der EU, als daß es auf den Bermudas verschwindet. Das scheint man in den anderen EU-Staaten ähnlich zu sehen. Dennoch ist der „Bankplatz" nicht unbedingt ein Thema, das man einem Luxemburger gegenüber als erstes anschneiden sollte.

einen patriarchalischen Führungsstil mit klar definierten Hierarchien – die aber durchlässig sind. Die Personalpolitik in den Banken ist eine andere. Man geht davon aus, daß die Mitarbeiter das Unternehmen nach einigen Jahren wahrscheinlich wieder verlassen, die Jobrotation ist ganz alltäglich. Andere Unternehmen pflegen wiederum ein eher amerikanisches, partizipatives Management. „Aber auch in den alten luxemburgischen Unternehmen gibt es deutliche Reformtendenzen", so Jean-Claude Felten, „auf Dauer wird sich auch hier ein moderner Managementstil entwickeln."

Informeller Umgang

Trotz der Verschiedenheit gibt es einige Gewohnheiten und Anhaltspunkte, die man als ausländischer Geschäftspartner möglichst kennen sollte. In der Regel geht es in Luxemburg etwas informeller zu als in Deutschland. Das liegt zum einen natürlich an der überschaubaren Gesellschaft, zum anderen aber gibt es eine Art „moselfränkischer Lebensart", wie Jean-Claude Felten es nennt. Beharren auf Prinzipien oder Regeln kommt zum Beispiel weniger gut an. Gerade Deutsche sollten sich hier zurückhalten, stehen sie doch sowieso schon in dem Ruf, oberlehrerhaft und besserwisserisch zu sein.

Generell haben viele Luxemburger Deutschen gegenüber zunächst Vorbehalte. Das liegt zum einen an der Erfahrung des Zweiten Weltkriegs (siehe Kästchen Geschichte), aber vor allem auch daran, daß Deutschland eben im Vergleich zu Luxemburg beängstigend groß wirkt. Die Bundesrepublik gilt als erfolgreich und effektiv, man bewundert die Leistungen in der Wirtschaft, aber auch im Sport. Gerade die Automobilindustrie ruft Respekt hervor, deutsche Automarken erfreuen sich in Luxemburg großer Beliebtheit.

Also, Zurückhaltung ist absolut anzuraten. Man sollte auch beachten, daß die meisten Luxemburger Deutschland hauptsächlich aus den Medien kennen und viele nur über oberflächliche Kenntnisse verfügen. Doch das ändert sich, so Jean-Claude Felten: „Inzwischen haben die meisten ein differenziertes Bild, man sieht nun auch die Probleme, etwa die hohe Arbeitslosigkeit. Deutschland wirkt nicht mehr so kraftstrotzend. Und die politische Elite tritt sowieso nicht großspurig auf – Helmut Kohl nicht und Gerhard Schröder und Joschka Fischer auch nicht."

Kohl hatte 1982 auf seiner ersten Auslandsreise schon das Großherzogtum besucht – ein Beleg für das Ansehen, das luxemburgische Politiker genießen. „Selbst die deutsche Nationalmannschaft hat ja inzwischen gelernt, mit Anstand zu verlieren", fügt Felten lächelnd hinzu. Die Jugend habe gar keine Vorbehalte mehr, sie schaue mit Begeisterung deutsche Talkshows von Stefan Raab oder Harald Schmidt.

Am besten ist es also, man gibt sich locker und humorvoll. Machen Sie einen kleinen Witz über sich selbst oder Ihr großes Land – und schon haben Sie signalisiert, daß Sie nicht alles so bierernst nehmen. In der Regel gibt es überhaupt keine Probleme zwischen Deutschen und Luxemburgern, die Zusammenarbeit klappt hervorragend.

Der informelle Umgang bezieht sich übrigens auch auf den Umgang mit Titeln. Bei der schriftlichen Anrede genügt es, den Titel nur in der Kopfzeile zu verwenden, auch im mündlichen Umgang gilt die Regel vom sparsamen Umgang mit Titeln. Charles Barthel erläutert: „Frau Doktor Sowieso, Herr Direktor Sowieso bei der Begrüßung und beim Abschied reichen aus, dazwischen darf man ruhig schlicht und einfach Frau und Herr Sowieso sagen. Aufgepaßt beim Umgang mit Ingenieuren. Haben Sie's mit einem 'richtigen' Ingenieur zu tun, sollten Sie unbedingt das 'Dipl. Ing.' benutzen. Den Herren und Damen ist sehr daran gelegen, sich vom 'einfachen' Techniker der gehobenen Klasse, dem 'technischen Ingenieur' („ingénieur technicien"), abzugrenzen."

Verhandlungen und Absprachen

Was das Geschäft angeht, sind die Luxemburger ausgesprochen korrekt. Absprachen werden eingehalten, und wenn mal etwas nicht klappt, kann man es offen ansprechen. Man sollte höflich und taktvoll sein, rät Charles Barthel, aber nicht um den heißen Brei herumreden. Sprich: konkret in bezug auf die Sache, rücksichtsvoll in bezug auf die betroffenen Personen.

Bei Verhandlungen wird in der Regel zunächst ein bißchen geplaudert, um dann so langsam zum Geschäft zu kommen. Man hält sich zwar grob an die Tagesordnung, arbeitet diese jedoch nicht sklavisch ab. Luxemburger seien relativ nüchtern und kämen im Prinzip auch zum Punkt, hört man oft, aber sie schweifen gerne ab. Gewarnt wird in diesem Fall vor „deutscher Gründlichkeit". Charles Barthel gibt folgenden Rat: „Sollte sich der Kontakt mit ihrem Gesprächspartner recht schnell als unproblematisch, offen und herzlich gestalten, gerät die Tagesordnung gern aus den Fugen. Geschäftliches droht dann, besonders im Rahmen von „Arbeitssessen", in Gerede über Gott und die Welt auszuarten. Solches Ausschweifen sollte man nicht gleich mit der vorgehaltenen Tagesordnung oder durch demonstratives Blikken auf die Uhr abwürgen. Drängeln könnte als beleidigend empfunden werden. Diplomatie ist besser: Lassen Sie ihren Partner ausreden und versuchen Sie durch geschicktes Taktieren, wieder auf den eigentlichen Verhandlungspfad zurückzufinden."

"In Luxemburg erschließt man sich den Gesprächspartner durch atmosphärische Gespräche, man trifft sich und plaudert zunächst ein bißchen", bestätigt auch Jean-Claude Felten. *Mettre les gens dans le bain* nenne man das auf gut Französisch – es wird für eine angenehme Atmosphäre gesorgt. Luxemburg sei da eher romanisch geprägt, so Felten. "In Deutschland dagegen legt man meist sofort los und will dann Punkt für Punkt alles durchgehen. Deutsche pflegen gern die akademische Tradition des strukturierten Denkens. Doch das ist den Luxemburgern zu gründlich. Wenn ein Deutscher ankommt und dann direkt signalisiert: 'So, da bin ich, lassen Sie uns anfangen', dann kommt das nicht besonders gut an."

Abb. 33: Luxemburger Altstadtatmosphäre

Gesprächsprotokolle sind in Luxemburg nicht so üblich wie in Deutschland. "Luxemburger führen bei geschäftlichen oder dienstlichen Gesprächen nicht immer Protokoll", so die befragten Geschäftsleute. "Das sollte einen aber nicht davon abhalten, diskret den einen oder anderen kurzen Vermerk aufzuschreiben."

Arbeitsessen

Die romanische Art spiegelt sich auch beim Essen wieder. Die atmosphärische Verständigung wird in Luxemburg oft durch einen gemeinsamen Restaurantbesuch abgerundet. "Wir arbeiten wie die Deutschen und leben wie die Franzosen", ist ein vielzitierter Ausspruch. Auch bei den Portionen mischt sich deutsche Quantität mit französischer Qualität. Glückliches Luxemburg, möchte man da sagen.

Und natürlich verbietet es sich von selbst, während eines gediegenen Arbeitsessens Notizen zu machen. "Luxemburger sind keine Kostverächter, sie genießen Speise und Trank", so ein luxemburgischer Unternehmer. "Ewiges Gekritzel im Notizblock würde sie nicht nur nervös machen, sondern es würde auch auf völliges Unverständnis stoßen, ein hervorragendes Mehrgängemenü durch Herumstöbern im Aktenordner zu entweihen."

Ähnlich wie in Belgien genießt man das gute Essen und möchte sein Gegenüber kennenlernen (siehe Kapitel Belgien, „Arbeitsessen"). „Natürlich kann man aufgrund der regionalen Unterschiede kaum verallgemeinern", so Jean-Claude Felten. „aber Deutsche denken oft, das Essen sei nur Jux und Dollerei. Sie unterschätzen die Bedeutung." Ein Glas Wein oder Bier sollte man möglichst nicht ausschlagen – sonst würde man leicht den Eindruck zu erwecken, immer alles unter Kontrolle behalten zu wollen. „Man sollte im Geschäftsleben und in der Politik schon eß- und trinkfest sein", rät Felten.

Global Village

Weltmännisch und provinziell, vielsprachig und bodenständig, visionär und traditionell – Luxemburg ist wirklich ein Land der Gegensätze. Da seine Einwohner so gewandt und flexibel sind, treffen deutsche Geschäftsleute in der Regel auf wenig Probleme. Man sollte eben nur darauf achten, die Luxemburger nicht vor den Kopf zu stoßen. Äußerungen, die im übertragenen Sinne die nationale Souveränität verletzen, können den Kontakt empfindlich stören. Dann entsteht eine unsichtbare Barriere, die sich so schnell nicht mehr beseitigen läßt. Auch wenn es nicht so gemeint war und nur unbedacht ausgesprochen wurde.

Also, halten Sie sich an die beeindruckende Sprachkompetenz oder die politischen Erfolge, zeigen Sie, daß Sie vom friedlichen, multikulturellen Zusammenleben begeistert sind. Und reden Sie nicht davon, daß in Luxemburg das großstädtische Flair fehlt – reden Sie lieber vom *global village*.

Eigene Notizen

Eigene Notizen

Nordrhein-Westfalen

© *Europäische Gemeinschaften 1995–2002*

Offizieller Name: Bundesland Nordrhein-Westfalen
Land seit 1946, Bundesland der Bundesrepublik Deutschland seit 1949
Ministerpräsident: Peer Steinbrück (seit 2002), Koalition von SPD und
      B'90/Grüne
Fläche: 34.081 km^2
Einwohner: 18.009.865 = 528 je km^2 (2001)
ausländische Bevölkerung (2001): 1.998.154 (insgesamt 11 % der Be-
      völkerung)
Verwaltung: Regierungsbezirke Arnsberg, Detmold, Düsseldorf, Köln,
      Münster
Landeshauptstadt: Düsseldorf (569.364 Einwohner)
Nationalfeiertag: 3. Oktober (Tag der Deutschen Einheit)
weitere arbeitsfreie Feiertage: 1. Januar, Rosenmontag, Karfreitag, Oster-
      montag, 1. Mai (Tag der Arbeit), Christi Himmelfahrt, Pfingst-
      montag, Fronleichnam, 1. November (Allerheiligen), 25./26. De-
      zember

Quelle: Landesdatenbank NRW (www.lds.nrw.de)

Was wissen die Anderen?

Keine Sorge, hier wird jetzt nicht erklärt, wie Sie mit Ihren Kollegen
umgehen sollen oder wie man in Nordrhein-Westfalen Kritik übt. Wir
bleiben dabei, ein Handbuch in erster Linie für Leser aus NRW zu
liefern, das die Zusammenarbeit mit Geschäftspartnern aus den Nachbarländern erleichtern soll. Wie die Wirtschaftsdaten zeigen, hat diese
Zusammenarbeit einen riesigen Umfang. Mehr als 60 % der Exporte
des Landes NRW gehen in die EU-Staaten, die wichtigsten Ausfuhr-
länder sind Frankreich, Belgien (mit Luxemburg) und die Niederlande. Am deutsch-niederländischen Handelsaufkommen etwa hat NRW
einen Anteil von 60 %.

Bei der Kooperation hakt es jedoch oft dort, wo die Nachbarn
nur vage Vorstellungen über den deutschen Staatsaufbau, über kulturelle und geschichtliche Hintergründe haben. Die Mehrzahl der ausländischen Geschäftsleute weiß nicht, daß viele auch für sie relevante
Bestimmungen nicht aus Berlin, sondern – im Fall NRW – aus Düsseldorf kommen. Gerade die Niederländer nehmen Deutschland meist
nicht als Föderalstaat wahr. Aber auch viele Belgier und Luxemburger
halten Deutschland für genauso zentralistisch wie den anderen großen Nachbarn, Frankreich.

Die Leitfrage dieses Kapitels lautet daher: Was sollten die anderen über uns wissen, und was wissen Sie meistens nicht? Wenn man diese Lücken kennt, kann man den Geschäftspartner gezielt informieren und manchmal auch verblüffen. Das folgende Kapitel liefert daher eine knappe Übersicht über Sachverhalte, die für die Nachbarn überraschend sind – und die ein Deutscher auch nicht immer parat hat. Also, erwarten Sie keine originellen Spekulationen über den Wesensunterschied zwischen Pils-, Kölsch- und Altbiertrinkern, es wird in erster Linie um politische Zusammenhänge und trockene Wirtschaftsdaten gehen.

Kunstprodukt mit Kompetenzen

Nach dem Ende des zweiten Weltkrieges schufen die Alliierten das Bundesland Nordrhein-Westfalen als eine Art Kunstprodukt. Der nördliche Teil der ehemaligen preußischen Rheinprovinz wurde 1946 mit der Provinz Westfalen zusammengelegt, ein Jahr später kam Lippe-Detmold hinzu. NRW war damals bereits das bevölkerungsstärkste Land der Bundesrepublik und spielte eine wichtige Rolle für den wirtschaftlichen Aufbau nach dem Krieg. Anfang der 50er Jahre stellte NRW die Hälfte des deutschen Exports ins Ausland, hier wurde ein Drittel des Bruttosozialprodukts erwirtschaftet. Gerade das Ruhrgebiet war der Motor des Wirtschaftswunders.

Auch in den übrigen westlichen Besatzungszonen entstanden solche „Bindestrich-Länder". Die föderale Struktur der Bundesrepublik sollte verhindern, daß noch einmal – wie einst Preußen – ein Teilstaat ein Übergewicht bekäme. Die Tradition des föderativen Prinzips ist jedoch schon älter. Die Aufteilung in Bundesländer knüpfte an die Geschichte der deutschen Vielstaatlichkeit mit ihren zahlreichen Fürstentümern und Stadtstaaten an, oft wurden die alten

Abb. 34: Seit den 1840er Jahren war das Ruhrgebiet das industrielle Herz Deutschlands. Heute ist es grüner, als mancher glauben möchte.

Provinzgrenzen übernommen. Zur Erinnerung: Die deutsche Einigung war erst 1871, also relativ spät vollzogen worden. Daher wird
Deutschland von Historikern auch die „verspätete Nation" genannt.
Zu dieser Zeit waren die Niederlande schon lange mehr oder weniger
demokratisch organisiert, in Frankreich hatte 1789 die Revolution stattgefunden, Belgien war seit 1831 eine konstitutionelle Monarchie. In
Deutschland definierte man dagegen seit Beginn des 19. Jahrhunderts
die nationale Eigenheit durch Sprache und Kultur. Die Bürger des Bie-
dermeier übten sich in intellektuellen Aufgaben, weil sie politisch wenig zu sagen hatten. Deutschland wurde zur „Kulturnation".

Der Zusammenschluß von Rheinland und Westfalen 1946 war allerdings gar nicht so weit hergeholt. Wenn Flandern und Wallonien
sich lange Zeit „den gleichen Besatzer teilten", so gilt das etwas abge-
schwächt auch für das Rheinland und Westfalen. Nach dem Wiener
Kongreß waren beide Provinzen 1815 Preußen zugeschlagen worden.
In dieser Zeit gab es bereits gemeinsame Institutionen, etwa den Kunst-
verein für die Rheinlande und Westfalen. Für eine Verbindung sorgte
auch die Industrialisierung des Ruhrgebiets, das sich über beide Landesteile erstreckt.

Bundespolitischer Einfluß

Aus niederländischer Sicht liegt es nahe, die deutschen Länder mit den
niederländischen Provinzen zu vergleichen. Doch die Bundesländer
haben größeren Einfluß auf die Bundespolitik und sehr viel mehr eigene Kompetenzen als die Provinzen. Anders als in zentralistischen
Staaten – mit einem politisch-gesellschaftlichen Übergewicht der
Hauptstadt, mit konsequenter Einheitlichkeit und einem weitreichenden Arm der Zentralregierungen – sind in der Bundesrepublik die
Kompetenzen dezentralisiert, findet eigenständige Politik teilweise ausschließlich in den 16 Landeshauptstädten statt.

Die Länder haben eine eigene Gesetzgebung in den Bereichen Kultur, Polizei, Bildung, Gesundheit und der Kommunalverfassung. Wich-
tigstes Ressort in NRW etwa ist Bildung und Wissenschaft, das auch
ungefähr ein Drittel des Landeshaushalts beansprucht. Aufgrund der
Länderkompetenzen gibt es in Deutschland zum Beispiel kein zentra-
les Abitur. Die Landesminister beraten sich regelmäßig, aber die Entscheidung liegt bei den Ländern. Die Kulturhoheit der Länder ist für
Außenstehende keineswegs selbstverständlich (dient aber in der föderalen Umgestaltung Belgiens als Vorbild). Auch der Umweltschutz ist
ein wichtiges Ressort, nicht zuletzt wegen der wirtschaftlichen Be-

Bildung, Beruf und Wissenschaft

Der Bereich Bildung zählt zu den wichtigsten Aufgaben der Länder. Das Ministerium für Schule, Wissenschaft und Forschung ist das größte Ministerium in NRW und erhält ein Drittel des Haushaltsbudgets (30 Mrd. DM im Haushaltsjahr 2001).

Bildung ist ein weiter Begriff, er beinhaltet Schulen, Berufsschulen, Universitäten, Fachhochschulen, außerdem den großen Bereich Erwachsenen- und Politische Bildung.

NRW hat sich seit den 1970er Jahren zum Wissenschaftsstandort gemausert, das Land verfügt inzwischen über die dichteste Hochschul- und Forschungslandschaft in Europa. 5 der 10 größten Universitäten Deutschlands liegen in NRW, an 53 Universitäten und Fachhochschulen sind rund 500.000 Studenten eingeschrieben.

Etwas Besonderes ist in Deutschland das sogenannte Duale System der Berufsausbildung. In anderen Staaten ist die Kombination von Lehre im Betrieb und der gleichzeitige Besuch einer Berufsschule nicht üblich. In den Niederlanden etwa wird die Ausbildung ganz durch die Berufsschulen übernommen und lediglich durch Praktika begleitet. In Deutschland übernehmen die Betriebe einen Teil dieser Aufgaben. An den berufsbildenden Schulen in NRW werden etwa 700.000 Schüler unterrichtet.

Religion spielt im Bildungsbereich eine weniger große Rolle als etwa in den Niederlanden, Belgien und Luxemburg. Dort gibt es einen prozentual größeren Anteil privater Schulträger, Schulen und Universitäten sind oft konfessionell geprägt. Das ist bereits an den Namen abzulesen: *Katholieke Universiteit Brussel, Katholieke Universiteit Nijmegen* oder *Vrije* (das heißt calvinistische) *Universiteit Amsterdam*.

deutung bestimmter Umweltauflagen. Besuchern aus den Nachbarländern ist oft nicht klar, daß die Landesregierung in diesen Politikbereichen alle wesentlichen Entscheidungen selbst trifft.

In vielen Bereichen gibt es außerdem eine sogenannte konkurrierende Gesetzgebung von Bund und Ländern. Das heißt, wenn der Bund nichts tut, kann das Land diese Lücke besetzen. Das bezieht sich unter anderem auf Strafrecht und Strafvollzug, Verkehr, Umwelt und Gesundheit. Die Selbständigkeit und Gesetzgebungskompetenz äußert sich auch im Bundesrat – der viel einflußreicher ist als etwa die Erste Kammer in den Niederlanden. Der Bundesrat ist als Länderkammer ein starkes Gegengewicht zur Regierung, oft kollidieren hier Partei- und Länderinteressen. Und manchmal blockieren sich diese beiden Gremien gegenseitig, gerade wenn die Mehrheiten in Bundestag und Bundesrat bei verschiedenen Parteien liegen. Das föderale System hat jedoch den Vorteil, daß Politik und Verwaltung in der Landeshauptstadt den Bürgern viel näher sind als die Zentralregierung in Berlin. Außerdem erleichtert der föderale Staatsaufbau die Berücksichtigung regionaler Unterschiede.

Landesregierung

Der Ministerpräsident eines Bundeslandes hat eine starke Stellung inne. Als einziges Regierungsmitglied wird er vom Landtag gewählt, ein Sturz der Landesregierung ist nur durch die Neuwahl eines anderen Ministerpräsidenten möglich. Zu den Aufgaben des Ministerpräsidenten – oder der Ministerpräsidentin – gehört es, die übrigen Minister zu ernennen und zu entlassen, die „Richtlinien der Politik" zu bestimmen (Richtlinienkompetenz) und die Zahl der Ministerien sowie deren Zuständigkeitsbereiche festzulegen (Organisationsgewalt). Diese starke Stellung soll der Geschlossenheit und Handlungsfähigkeit der Regierung dienen. Da es kein gesondertes Landesoberhaupt gibt, übt der Ministerpräsident zudem einige präsidiale Funktionen aus (Gnadenrecht, Ordensverleihung, Repräsentation).

Jedes Bundesland hat eine eigene Vertretung in der Hauptstadt Berlin. Diese Ländervertretungen stehen in engem Kontakt mit der Bundesregierung, werten Informationen aus und verfolgen die Bundespolitik aus nächster Nähe. Jedes Landesministerium entsendet mindestens einen Mitarbeiter nach Berlin. Darüber hinaus spielen die Landesvertretungen eine wichtige Rolle für die Präsentation des Landes in der Bundeshauptstadt, hier werden Kontakte geknüpft und Journalisten eingeladen. Man macht Werbung für das eigene Land, das in einigen Fällen mehrere hundert Kilometer weit entfernt ist.

Verflechtung Bund-Länder

Nun muß man aber nicht befürchten, die Länder mit ihren „Landesfürsten" seien kleine unabhängige Einheiten, die tun und lassen können, was sie wollen. „Das Verhältnis zwischen Bund und Ländern ist weniger durch eine klare Trennung als durch eine Politikverflechtung bestimmt", so der Oldenburger Politikwissenschaftler Wolfgang Rudzio. Das heißt, die Länder sind zwar in einigen Bereichen unab-

Abb. 35: Hierher entsendet der Souverän, das Volk von Nordrhein-Westfalen, seine Vertreter: der Landtag in Düsseldorf.

hängig, ebenso wie der Bund in bestimmten Bereichen allein entscheidet (Außenpolitik, Verteidigung, Rahmengesetzgebung). Weite Themenfelder werden jedoch gemeinschaftlich geregelt (Wirtschaft, Soziales, Rechtswesen, Umwelt etc.).

Eine weitere Verzahnung zwischen Bund und Ländern ergibt sich daraus, daß Bundesgesetze im Prinzip durch die Länder, die Bezirksregierungen und die Kommunen ausgeführt werden. Man spricht daher von einem exekutiven Föderalismus. Die Masse der gesetzgeberischen Zuständigkeit liegt beim Bund, die Ausführung aber im Wesentlichen bei den Ländern. Auch in bezug auf die Steuern sind Bund und Länder eng miteinander verflochten. Etwa 75 Prozent des gesamten Steueraufkommens sind Gemeinschaftssteuern, die zu bestimmten Anteilen auf Bund, Länder und Gemeinden verteilt sind. Das heißt, im Land werden die Steuern erhoben, aber der Bund verteilt sie. Nur etwa 4,5 Prozent des gesamten Steueraufkommens bleiben direkt im Land.

Ein weiteres Instrument der Verflechtung ist der Länderfinanzausgleich. „Reiche" Länder zahlen an „arme", es findet ein Ausgleich zwischen den Regionen statt. NRW gehörte in der Vergangenheit meist zu den zahlenden Ländern, nur in den 1980er und zu Beginn der 90er Jahre hat es auch Gelder erhalten. Momentan wird wieder gezahlt, der Betrag beläuft sich auf etwa 1,5 Milliarden Euro pro Jahr.

Dem Zentralstaat werden nicht nur durch den Föderalismus Grenzen gesetzt, sondern auch durch die Kommunen. Die kommunale Selbstverwaltung hat in Deutschland eine jahrhundertealte Tradition, die Gemeinden sind im föderalen Staatsaufbau die bürgernächste Ebene. Sie verfügen über das im Grundgesetz verbürgte Recht, „alle Angelegenheiten der örtlichen Gemeinschaft im Rahmen der Gesetze in eigener Verantwortung zu regeln".

Abb. 36: Eigentlich stehen sie auf gleicher Stufe: Der regierende Bürgermeister von Berlin, Klaus Wowereit, trägt sich in das Goldene Buch der Stadt Bonn ein; seine Bonner Amtskollegin, Oberbürgermeisterin Bärbel Dieckmann, schaut ihm zu.

Die Rolle des Bürgermeisters ist in Nordrhein-Westfalen eine ganz andere als etwa in den Niederlanden. In NRW wird der Bürgermeister direkt gewählt, in den Niederlanden wird er ernannt. Ein Bürgermeister aus NRW vertritt seine Gemeinde nach außen, ist stimmberechtigter Vorsitzender des Rates und seit 1999 auch Chef der gesamten Verwaltung. Bis dahin hatte er noch einen Stadtdirektor als Verwaltungschef zur Seite.

Für einen Investor aus dem Ausland ist es unerläßlich, sich über die Kompetenzverteilung zwischen Bund, Ländern und Kommunen zu informieren. Daher ist es wichtig zu wissen, daß es noch eine

Zwischenebene zwischen Land und Kommunen gibt: die Bezirksregierungen und die Landschaftsverbände. Die Landschaftsverbände haben soziale Aufgaben, unterhalten zum Beispiel die Landeskrankenhäuser und Behindertenwerkstätten, sind aber auch für die Fernstraßen zuständig. Den Mittelbehörden sind die Finanzämter, Kreispolizeien und Schulämter unterstellt. In Nordrhein-Westfalen gibt es fünf Regierungsbezirke. Der Regierungsbezirk Düsseldorf ist alleine schon für die Verwaltung von 5,2 Millionen Bürgern zuständig.

„Die unterschiedlichen Organisationsebenen und Strukturen sind auch für Bürgerinnen und Bürger des Landes NRW nur schwer durchschaubar", so Bernd Müller, bis 2002 Benelux-Koordinator im Ministerium für Bundes- und Europa-Angelegenheiten, in seinem Referat auf dem vorbereitenden Symposium zu diesem Handbuch. „Das Land Nordrhein-Westfalen ist zwar gerade dabei, seine Verwaltungsstruktur und die öffentlichen Organisationsformen zu modernisieren, dieser Modernisierungsprozeß schreitet allerdings nur langsam voran."

Regionale Unterschiede

Nordrhein-Westfalen ist ein ausgesprochen heterogenes Land, was den Nachbarn aus den Niederlanden, Belgien oder Luxemburg nicht unbedingt bewußt ist. „Auch wenn die Einteilung durch die Alliierten beziehungsweise durch den deutschen Einigungsprozess 1990 zu sogenannten „Bindestrich-Ländern" geführt hat, bleiben in diesem föderalen System regionale kulturelle Identitäten bestehen", bestätigt Müller.

Da wundern die ausländischen Gäste sich dann, daß sie mit einem Rheinländer sofort ins Gespräch kommen, während es bei dem Geschäftspartner aus Westfalen eher wortkarg zugeht. Jeder pflegt eben seine Eigenarten. Für einen Fremden ist es daher nützlich zu wissen, daß die Rheinländer eher kompromißbereit sind und gerne Dinge aushandeln, während den Westfalen ein eher an sachlichen Leistungen und weniger an Kompromissen orientiertes Politikverständnis zugeschrieben wird. Oder etwas direkter: der Westfale gilt als stur, hartnäckig und zurückhaltend, der Rheinländer als kommunikativ, lebenslustig und eher unzuverlässig. Der Lipper ist bekanntermaßen äußerst sparsam, was der schlechten wirtschaftlichen Lage dieser Region im 19. Jahrhundert zugeschrieben wird. Die „lippische Armut" ist seither sprichwörtlich.

Die kulturellen Unterschiede haben natürlich auch etwas mit der

Konfession zu tun. In der Region Lippe überwiegen die Protestanten, in Westfalen ist das Verhältnis mit 42 % Katholiken und 46 % Protestanten in etwa ausgeglichen. Im Rheinland sind 53 % der Bevölkerung katholisch und nur 30 % evangelisch. Etwa 4 % der Einwohner in NRW gehören dem Islam an.

Abb. 37: Das Sauerland, früher ein Armenhaus, hat sich zu einer Ferienregion entwickelt, die auch im Winter viele Touristen anzieht. Die Höhen sind schneesicher.

Eine eigene Kultur und Mentalität hat sich im Ruhrgebiet herausgebildet, das sich über beide Landesteile erstreckt. Diese „Querschnittskultur" ist geprägt durch die frühe Industrialisierung und die vielen Zuwanderer. Bereits im 19. Jahrhundert zog die Region Menschen aus dem Osten Deutschlands und aus Polen an, die in der Stahl- und Kohleindustrie Arbeit fanden. Vor dem Ersten Weltkrieg hatten sich bereits mehr als 800.000 Menschen hier angesiedelt. Nach 1945 nahm das Ruhrgebiet dann noch einmal einen ganzen Strom von Zuwanderern auf, vor allem Flüchtlinge und Vertriebene aus Pommern, Schlesien, Ostpreußen und später aus der DDR. Auch sie fanden Arbeit in der Montanindustrie. Etwa ein Viertel der Einwohner Nordrhein-Westfalens sind Zuwanderer und deren Nachkommen. Daher auch die vielen polnischen Namen, wie Katschmarek oder Koslowski. Die Integration

Eine multikulturelle Wohngemeinschaft unterschiedlichster Stämme

von Konrad Beikircher

Also am 14. Mai war Landtagswahl in Nordrhein-Westfalen, dem größten Bundesland der Deutschen. Alles schön und gut, aber weiß außer uns hier in NRW überhaupt jemand, worin die wahre Größe unseres Landes besteht? Nordrhein-Westfalen, Herrschaften, ist die Wiege Europas, mehr noch: ein Europa im Kleinen und damit das Modell dafür, dass es geht!

Wo in anderen Bundesländern ethnische Öde vorherrscht: in Hessen gibt's nur Hessen, in Mecklenburg-Vorpommern nur Mecklenburg-Vorpommern, im Saarland nur Saarländer, in Bremen nur Bremer, oder, um den Kreis weiter zu ziehen: in Liechtenstein gibt's nur Liechtensteiner oder in Luxemburg nur Luxemburger, von den anderen Ländern ganz zu schweigen – so war das in Nordrhein-Westfalen immer schon anders. Hier haben sich Rheinländer, Niederrheiner, Selfkanter, Nordeifeler, Sauerländer, Bergische, Siegerländer, Revierkumpels, Lipper, Münsteraner und Ostwestfalen – um nur die wichtigsten zu nennen – im Rahmen einer gigantischen Wohngemeinschaft zu einer Einheit zusammengeschmiedet, die weltweit einmalig ist. Diese Gegensätze! Diese Harmonie!

Hätte man Basken, Elsässer, Bretonen und Schotten zusammengepfercht, es wäre nichts gegen das Gemisch, das wir aufzuweisen haben. Aber: in Nordrhein-Westfalen funktioniert es, und zwar ohne in einer Legierung zu verschmelzen, in der jede Eigenart der Einzelelemente aufgehoben wäre zu Gunsten eines wie auch immer gearteten Neuen.

[...]

Und da sind wir bei der Frage: Was bindet beziehungsweise unterscheidet die Mitglieder dieser Wohngemeinschaft Nordrhein-Westfalen, dieses kleinen Europas, an- beziehungsweise voneinander? So, dass selbst diese Landtagswahl im Grunde niemanden erschüttern konnte?

Sie bindet das aneinander, was sie voneinander unterscheidet, Defizite und Fähigkeiten ergänzen sich wie sonst nirgends zum Wunderpuzzle NRW.
- Der Niederrheiner weiß nix, kann aber alles erklären (so hat es Hanns Dieter Hüsch, der niederrheinische Prophet aus Moers, formuliert) und ist damit der geborene Pressesprecher,
- der Selfkanter, als Nicht-mehr-Rheinländer und Noch-nicht-Holländer erst seit 1963 Mitglied der Familie NRW, hat dem nichts

hinzuzufügen, was ihn zum Regierungspräsidenten geradezu prä-
destiniert,

- der Nordeifeler ist die lebende Brücke in die germanische Vergangenheit (wer einmal die Kirmes in Dreiborn erlebt hat, weiß,
was ich meine) und damit geborener Archivar,
- der Sauerländer trifft den Nagel immer auf den Kopf, und zwar
von beiden Seiten (oh Heinrich Lübke, wie fehlst du uns!), ideale
Eigenschaft für Präsidenten,
- der Bergische lebt am liebsten in Höhlen (was er vom Neanderta-
ler gelernt hat) und ist so stolz darauf, schreiben zu können,
dass er sich immer noch nicht vom Schiefertäfelchen trennen
kann, höchste Eignung für Spitzenpositionen in Landschaftsver-
bänden und Polizeipräsidien,
- der Siegerländer hat seine Zunge den hochdeutschen Verkramp-
fungen verweigert (das rollende „R" ist mehr ein Erstickungsan-
fall denn ein Sprachlaut), er ist damit der perfekte Fremdspra-
chenkorrespondent,
- der Kumpel vom Revier weiß immer, wat Sache is, da fängsse
richtich am staunen fängsse da, über Tage und unter Tage und ist
damit wie keiner für Tacheles geeignet,
- der Lipper hat das Sparbuch erfunden, weiß aber nicht mehr, wo
er es hingelegt hat, was muss ein Finanzminister mehr aufwei-
sen?,
- der Münsteraner war immer gut im Glauben (wovon die Wieder-
täufer ein Lied singen könnten, hätten sie die Münsteraner nicht
aufgeknüpft), verwaltet bis heute die konstantinische Schenkung
und ist damit der geborene Nuntius apostolicus,
- der Ostwestfale sagt a) immer die Wahrheit, aber b) immer im
falschen Moment, eignet sich also hervorragend zum professio-
nellen Zeugen vor Untersuchungsausschüssen,
- der Rheinländer schließlich ist die Apotheose dieses Schmelztie-
gels, die Kraft, die alles eint, der kölsch-mediterrane Balsam, der
im geschmeidigen Klüngel alles zusammenhält, was sonst un-
weigerlich auseinander laufen würde.

So ein Land ist unser Nordrhein-Westfalen. Und wenn da die Westfalen und die Rheinländer sich schon mal die Köpfe einhauen, ist das
eine Familienangelegenheit, die man nicht überbewerten darf. Das
Erdulden der Unterschiede nämlich ist Zeichen nordrhein-westfäli-
scher Toleranz. So hat man sich zum Beispiel daran gewöhnt, dass
innerhalb unserer Familie völlig unterschiedliche Fortpflanzungsriten
gepflegt werden. Man lächelt heute höchstens darüber, dass der Ostwestfale sich durch Pollenflug vermehrt, der Kumpel vom Revier dafür
nach Bad Hönningen oder in den Sauerlandstern fährt und der

verlief meist problemlos, vor allem weil sie über die gemeinsame Arbeit definiert wurde. Das Ruhrgebiet ist also wahrhaftig ein „Melting-Pott".

Zwischen 1960 und 1990 kamen insgesamt 16 Millionen Menschen in die Bundesrepublik, meist sogenannte Gastarbeiter, von denen 12 Millionen wieder in die Heimat zurückkehrten. NRW nahm bei weitem die meisten Migranten auf, heute leben etwa zwei Millionen Ausländer im Land.

Jeder Belgier oder Luxemburger weiß, daß es in Nordrhein-Westfalen große Industriegebiete gibt. Daß jedoch 50 % der Flächen landwirtschaftlich genutzt werden, wissen die wenigsten. Sie können die Gäste aus dem Nachbarland also überraschen, wenn Sie mit ihnen einen Ausflug in eine der zahlreichen ländlichen Gegenden machen. Vielleicht werden Sie dann ja auch einem Eifeler oder Sauerländer begegnen und wieder eine andere Mentalität kennenlernen. Spätestens hier wird deutlich, daß es *den* „Nordrheinwestfalen" nicht gibt. Deshalb beschreibt der Kabarettist Konrad Beikircher seine Wahlheimat NRW auch als eine gigantische Wohngemeinschaft.

Strukturwandel

„Kohle und Stahl" war über einen langen Zeitraum hinweg geradezu ein Synonym für das Land Nordrhein-Westfalen. Mit einem Anteil von 46 % an der bundesdeutschen Stahlproduktion kommt auch heute noch nahezu die Hälfte aus diesem Bundesland. Wirtschaft und Arbeitsplätze sind aber längst nicht mehr allein von der Montanindustrie abhängig, hier hat sich in den letzten Jahren ein tiefgreifender Strukturwandel vollzogen.

In den siebziger Jahren betrug der Anteil des sekundären Sektors (Energie- und Wasserversorgung, Bergbau, verarbeitendes Gewerbe, Baugewerbe) an der Bruttowertschöpfung noch 52 %, Ende der neunziger Jahre waren es nur noch 36 %. Das spiegelt sich auch in den Beschäftigungszahlen. Arbeiteten Ende der sechziger Jahre noch 30 % der Beschäftigten im Montanbereich, so liegt der Anteil heute bei 8 %.

Währenddessen sind auf dem tertiären Sektor (Handel, Verkehr, Dienstleitung) große Zuwächse zu verzeichnen, von 46 % im Jahr 1970 stieg die Zahl auf 62 % Ende der neunziger Jahre. „Aus dem Land von Kohle und Stahl ist ein Land mit Kohle und Stahl geworden", so der Politikwissenschaftler Johannes Varwick. „Auch in den kommenden Jahren wird der Strukturwandel weitergehen und der sekundäre Sektor anteilsmäßig weiter schrumpfen. Die Wachstumsbranchen des tertiären Sektors wie etwa Telekommunikation, Medien- und Umweltschutzwirtschaft werden aller Voraussicht nach weiter wachsen."

Die umsatzstärksten Branchen sind heute die chemische Industrie und der mittelständisch geprägte Maschinenbau, die Metallerzeugung, das Ernährungsgewerbe, die Elektrotechnik und der Fahrzeugbau. Das spiegelt sich auch in den Exportquoten wieder. Nordrhein-Westfalen ist das ausfuhrstärkste Bundesland: 18 % der deutschen Exportgüter sind „Made in NRW". Gleichzeitig ist das Land die beliebteste Zielregion für ausländische Direktinvestitionen in Deutschland. Der Anteil ist in den letzten Jahren kontinuierlich gestiegen und liegt heute bei 30,2 %.

Rund 45 der größten deutschen Unternehmen haben ihren Sitz in Nordrhein-Westfalen, darunter VEBA, Deutsche Telekom, RWE, Bayer, Thyssen, Ford, Krupp-Hoesch, Bertelsmann und Henkel. Zugleich gibt es 600.000 mittelständische Unternehmen, die für 73 % der Arbeitsplätze, 47 % der Bruttowertschöpfung und 41 % der Investitionen stehen. Rund 165.000 Handwerksbetriebe erzielten im Jahr 1998 mehr als 220 Mrd. DM Umsatz und beschäftigten mit 1,3 Mio. Menschen ein Fünftel aller Erwerbstätigen des Landes.

Der Strukturwandel kommt der Umwelt zugute. Der Himmel über dem Ruhrgebiet ist wieder blau und der Rhein nicht mehr die Abwasserkloake für halb Europa. In Leverkusen hielt sich in den fünfziger Jahren das Gerücht, daß man Filme darin entwickeln könne. Die Nachkriegsgeneration hingegen erzählt mit Begeisterung, daß man in den

Abb. 38: Im Rahmen der Neugestaltung der Oberhausener Neuen Mitte entstand mit dem Centro eine luxuriöse Einkaufsmeile.

40er und 50er Jahren im Rhein schwimmen konnte und sich von den großen Schiffen stromaufwärts ziehen ließ.

Partner in Europa

Traditionell arbeitet das Land Nordrhein-Westfalen eng mit den europäischen Nachbarstaaten zusammen. Lange Zeit ging es dabei um Kohle und Stahl, etwa als 1952 die Montanunion gegründet wurde, der Grundstein für die Europäische Union. Die Europapolitik ist heute von großer Bedeutung für die Bundesländer. In Brüssel werden Entscheidungen getroffen, die unmittelbare Auswirkungen auf Politik und Wirtschaft haben – etwa die Bestimmungen für Subventionszahlungen, Umweltauflagen und Landwirtschaft. NRW zählt daher zu den ersten Ländern, die sich neben der Landesvertretung in der Bundeshauptstadt seit 1986 auch eine Vertretung in Brüssel leisten. „Das, was uns mit unseren westlichen Nachbarn verbindet, ist stärker und intensiver als vieles, was uns mit den anderen deutschen Bundesländern verbindet", so Bernd Müller, „und teilweise sogar stärker auch als unser Band mit der Zentralregierung in Berlin."

IBA – Die internationale Bauausstellung im Ruhrgebiet

Im Zeitraum von 1989 bis 1999 stand die Region Emscher Park/Nörd-liches Ruhrgebiet im Zeichen der Internationalen Bauausstellung. Ziel des Großprojekts war es, die industriell geprägte Region des Ruhrge-biets ins 21. Jahrhundert zu befördern. Dabei wurden 120 Projekte realisiert, die Technologiezentren, Wohnungen, Grünflächen und Industriearchitektur neu gestalten bzw. erschaffen sollten. Architek-tur, Stadt- und Landschaftsbau und somit auch die Lebens- und Wohnqualität der Bewohner sollten den Gegebenheiten einer post-industriellen Gesellschaft angepaßt werden. Dem Konzept nach wur-den die Industriestandorte in die Landschaft integriert und umgenutzt – beispielsweise für kulturelle Zwecke wie der Gasometer Oberhausen oder das Designzentrum NRW, untergebracht in einem umgebauten Kesselhaus der Zeche Zollverein XII in Essen.

Abb. 39: Hier wird heute keine Kohle mehr gefördert, sondern Kultur gemacht. Das Ensemble von Bergwerk und Kokerei gehört als Industriedenkmal von Weltgeltung zum Weltkulturerbe.

Es galt, eine „Wildnis in der Stadt" zu schaffen, Industriebrachen wieder aufzuforsten und im Rahmen von Landschaftsparks zu erhal-ten. Leerstehende Werkshallen wurden im Zuge der IBA wieder sa-niert und stehen heute als Büro- und Gewerbeflächen zur Verfügung,

etwa die Lohnhalle der Zeche Arenberg in Bottrop oder der Wissen-
schaftspark Rheinelbe in Gelsenkirchen. Das ganze Gebiet wurde
dabei touristisch erschlossen, es gibt zahlreiche Routen, die themen-
orientiert durchs Ruhrgebiet führen, vom „Duisburger Hafen" über
„Krupp und die Stadt Essen" und die „Westfälische Bergroute" bis zu
„Arbeitersiedlungen" und „Unternehmervillen".

Quellen: www.iba.nrw.de; www.route-industriekultur.de
Ulrike Schwabe

Aufgaben der Brüsseler Vertretung sind die Analyse von Kom-
missionsentscheidungen, die Pflege
eines Kontaktnetzes zu den EU-Institutionen und die Informationsbe-
schaffung für die Landesregierung,
damit diese frühzeitig über Maßnahmen entscheiden kann. Das Verbin-
dungsbüro dient aber auch als Infor-
mationsbörse für Unternehmen,
Wissenschaft und Forschung aus
NRW sowie als Ansprechpartner für
die Bürger. Seit dem Amtsantritt von
Ministerpräsident Clement im Mai
1998 sind Europaangelegenheiten or-
ganisatorisch direkt an die Staatskanzlei des Landes angegliedert. Die
politische Zusammenarbeit mit den
Ressorts und Regierungsspitzen der
westlichen Nachbarländer ist sehr
eng. Seit einigen Jahren gibt es gut
funktionierende Netzwerke, die systematisch vertieft werden.

*Abb. 40: Auf dem Gelände
eines ehemaligen Hochofens und
Stahlwerks entstand mit dem
Landschaftspark Duisburg-Nord
ein beliebtes Abenteuer- und
Naherholungsgebiet.*

Doch auch auf Ebene der Kommunen gibt es eine intensive Zusammenarbeit; das Land Nordrhein-Westfalen fördert in diesem Bereich zahllose Projekte und Maßnahmen. Grenzüberschreitenden Zusammenarbeit leisten vor allem die Euregios. Es gibt in NRW die
Euregio Rhein-Waal mit Sitz in Kleve, die Euregio Gronau, die Euregio
Rhein-Maas-Nord mit Sitz in Mönchengladbach und die Euregio

Maas-Rhein mit Sitz in Maastricht und Aachen. Mit dem Euregio-Rat hat sich inzwischen sogar ein grenzüberschreitendes Parlament gebildet.

Die Aufgabe der Euregios besteht darin, Barrieren abzubauen und die grenzüberschreitende Zusammenarbeit zu fördern. Die Polizei der drei Nachbarstaaten arbeitet in den Grenzgebieten inzwischen erfolgreich zusammen. Niederländische Beamte hospitieren in Deutschland und umgekehrt, man fährt zusammen Streife und darf Straftäter auch im anderen Land verfolgen. Dabei werden auch Unterschiede in Gesetzgebung und Verwaltung deutlich: Der niederländische Polizeicomputer etwa erlaubt einen weitreichenden Zugriff auf Daten und Datenbanken, der in Deutschland nicht möglich ist. Der persönliche Kontakt zwischen den Beamten fördert den Austausch und die Verständigung. „Die Grenzregionen haben die Funktion einer europäischen Avantgarde", so der Publizist Leo Linder.

Um die grenzüberschreitende Zusammenarbeit auszubauen, erhalten die Euregios Gelder aus den europäischen Strukturfonds. Bis 2006 stehen für grenzüberschreitende Projekte 134 Millionen Euro zur Verfügung.

Selbstbewußte Zurückhaltung

Nun könnte man auf den Gedanken kommen, Nordrhein-Westfalen aufgrund seiner Wirtschaftskraft und Bevölkerungszahl mit den Nachbarstaaten gleichzusetzen. Hier leben mehr Menschen als in den Niederlanden, hier werden 22 % des deutschen Handelsvolumens erwirtschaftet, politisch ist das Land außerdem eine relativ selbstständige Einheit mit weitreichenden Kompetenzen.

Dennoch ist und bleibt es ein Bundesland – und kein eigenständiger Staat. Im Gespräch mit ausländischen Geschäftspartnern verweist man besser auf die Kompetenzen der Länder, denn vor dem Wirtschaftsriesen Deutschland haben die meisten schon genug Respekt. „Bemerkungen über Größe, Wirtschaftskraft oder Bevölkerungszahlen müssen äußerst vorsichtig gehandhabt werden. Wir sollten diplomatisch sein, nicht plump oder fordernd", rät Bernd Müller. Man braucht sich ja deswegen nicht zu verstecken. Nur sollte eben ein gewisses Maß an Zurückhaltung gewahrt bleiben.

Eigene Notizen

Eigene Notizen

Gut zu wissen: Daten und Fakten

	NL		B		Lux		NRW	

Religionszugehörigkeit

	NL		B		Lux		NRW	
Protestantisch	26	%	12	%	1,1	%	33,5	%
Katholisch	36	%	85	%	94	%	46	%
Jüdisch	0,2	%	0,3	%	k. A.		0,04	%
Islamisch	3	%	2,5	%	k. A.		3,2	%

Altersstruktur

	NL		B		Lux		NRW	
Altersgruppe 0–14	19	%	18	%	19	%	16	%
Altersgruppe 15–60	67	%	65	%	67	%	60	%
Altersgruppe ab 61	14	%	17	%	14	%	24	%

Arbeitsmarkt

	NL		B		Lux		NRW	
Arbeitnehmer i. Tsd.	6.975		3.847		277		7.686	
Erwerbstätige gesamt	65	%	60,5	%	65	%	42,7	%
männlich	77	%	69,1	%	66,1	%	57,2	%
weiblich	52	%	61,5	%	41,4	%	42,8	%
Teilzeitquote (<35h)	38,7	%	19,9	%	10,5	%	24	%
männlich	11	%	5,4	%	2	%	5,8	%
weiblich	67	%	39,3	%	22,5	%	36,4	%
Arbeitslosenquote	3,3	%	7	%	2,3	%	9,2	%

Erwerbstätige nach Wirtschaftszweigen

	NL		B		Lux		NRW	
Dienstleistung	42,3	%	72,3	%	83,2	%	41,9	%
Industrie	17,9	%	25,8	%	12,9	%	32,3	%
Handel, Hotel & Gaststätten	13,1	%	17,3	%	26,9	%	24,2 % (NRW inkl. Transport)	
Öffentliche Dienste	12,2	%	49,1	%	5,5	%	7,5	%
Landwirtschaft & Fischerei	3,5	%	2,2	%	2,5	%	1,6	%
Bergbau	2,9	%	0,1	%	0,1	%	0,9	%
Kommunikation & Transport	8,2	%	6,9	%	8,3	%	2,8 % (NRW ohne Transport)	

	NL	B	LUX	NRW
Leistungsentwicklung				
BIP 2001 in Mrd.€	405,5	255,6	15,7	455,8
BIP/Kopf in 1000 €	25,1	25	38	25,3
Wachstum 00/01	1,1 %	1 %	3,5 %	0,2 %
Inflationsrate 2000	2,5 %	2,5 %	3,1 %	2,3 %
Inflationsrate 2001	4,5 %	2,5 %	2,4 %	2,5 %
Staatsverschuldung in % des BIP	63,2 %	110,9 %	5,3 %	60,2 %
Außenhandelsstruktur				
Einfuhr in Mrd. €	217,1	164	12,1	118,1
davon aus NL	–	16,7 %	5 %	13,7 %
aus B	10 %	–	34 %	8,9 %
aus LUX	0,2 %	0,7 %	–	0,5 %
aus NRW	4,7 %	6,2 %	5 %	–
Ausfuhr in Mrd. €	240,8	179,6	8,9	116,6
davon nach NL	–	12,8 %	4 %	8,7 %
nach B	11,8 %	–	12,2 %	8,7 %
nach LUX	0,25 %	2,3 %	–	0,5 %
nach NRW	6,7 %	5,8 %	6,3 %	–

(Stand 2001)

Quellen:
Statistisches Bundesamt, Jahrbuch 2001; LDS NRW Informationssystem Außenhandel, Düsseldorf; Fischer Weltalmanach; DEBELUX; CBS; MIT NRW; Spiegel.de/almanach; Frankfurter Allgemeine Zeitung; Statec, Luxemburg.

Weitere Informationen

Niederlande
Die wichtigsten niederländischen Exportgüter für den deutschen Markt sind neben Energieträgern chemische und elektrotechnische Erzeugnisse, Maschinen, Flugzeugteile, Pflanzen sowie pflanzliche und tierische Lebensmittel.

Die Niederlande beziehen aus Deutschland vor allem Maschinen, Fahrzeuge, elektronische und chemische Erzeugnisse, Textil und Bekleidung, Metallwaren, feinmechanische und optische Erzeugnisse, Energieträger und Holz.

Hauptausfuhrgüter nach NRW sind Kokereierzeugnisse, Mineralölerzeugnisse, Spalt- und Brutstoffe, Erdöl und Erdgas und Erzeugnisse des Ernährungsgewerbes.

Quelle: Website der Niederländische Botschaft in Berlin

Belgien

Wichtige Ausfuhrgüter Belgiens sind insbesondere chemische und pharmazeutische Produkte, Maschinen und Ausrüstungen, Fahrzeuge, Metalle und Metallerzeugnisse, Kunststoffe, (bearbeitete) Diamanten, Textilien, Nahrungs- und Genußmittel, landwirtschaftliche Erzeugnisse, elektronische Produkte, Eisen- und Stahlerzeugnisse.

Wichtige Einfuhrgüter sind Maschinen, Getreide, Nahrung, elektronische Erzeugnisse, Fahrzeuge, chemische Erzeugnisse, mineral. Brennstoffe, Metalle und Metallerzeugnisse sowie Rohdiamanten.

NRW importiert aus Belgien hauptsächlich Kraftwagen und Kraftwagenteile, chemische Erzeugnisse und Eisen- und Stahlerzeugnisse.

Belgien und Luxemburg bilden seit 1922 eine Wirtschaftsunion.

Quelle: Website des Auswärtigen Amtes

Luxemburg

In Luxemburg waren Ende 1999 34,4 % der luxemburgischen Arbeitsplätze mit Grenzgängern besetzt (Anteil der Grenzgänger nach Herkunftsländern: Frankreich 52 %, Belgien 28 %, Deutschland 20 %, Sektoren: 49 % Finanzen und 43 % Industrie).

Die wichtigsten Ausfuhrgüter sind Metalle und Metallerzeugnisse, Maschinen und Geräte, Kunststoff- und Gummierzeugnisse, Transportmaterial, Erzeugnisse aus Stein, Glas, Keramik, chemische Erzeugnisse.

Wichtigste Einfuhrgüter sind Maschinen und Apparate, Erzeugnisse der Eisen- und Stahlindustrie, Transportmaterial, Mineralstoffe einschl. Mineralölprodukten, chemische Erzeugnisse, Textilerzeugnisse und Bekleidung, Kunststoff- und Gummierzeugnisse.

Aus Luxemburg importiert NRW zumeist Eisen- und Stahlerzeugnisse, Nachrichtentechnik, Rundfunk- und Fernsehgeräte sowie elektronische Bauelemente und chemische Erzeugnisse.

Quelle: Website des Auswärtigen Amtes

Nordrhein-Westfalen

Ein wichtiger Wirtschaftsfaktor in NRW ist die Autoindustrie. Mit den Ford- und den Opelwerken sowie zahlreichen Verkaufszentren nimmt diese Industrie eine bedeute Stellung ein. Ein Hauptarbeitgeber ist auch die Chemie- und Pharmaindustrie. Weiterhin produziert NRW elektronische Geräte, Nahrungsmittel, Möbel, Glasprodukte, optische und Metallwaren, Holz-, Papier- und Plastikprodukte. Auch ist NRW ein wichtiger Standort für Printmedien und Publizistik, für Radio, TV und Kommunikation.

Hauptausfuhrgüter in die Niederlande und Belgien sind chemische Erzeugnisse, Kraftwagen und Kraftwagenteile sowie Eisen- und Stahlerzeugnisse. Nach Luxemburg werden hauptsächlich Eisen- und Stahlerzeugnisse, chemische Produkte, Maschinen und Nachrichtentechnik, Rundfunk- und Fernsehgeräte sowie elektronische Bauelemente exportiert.

Quelle: LDS NRW Informationssystem Außenhandel, Düsseldorf

Nachbarschaft im WWW: nützliche Internet-Adressen

Zusammengestellt von Ulrike Schwabe, limoni.de | sign GbR

Allgemeines

Länderspiegel
www.spiegel.de/jahrbuch
Länder von A–Z mit guter Übersicht und vielen knappen Informationen und Fakten: Diplomatische Vertretungen, Geographie, politisches System, Parteien, Militär, Gesundheit, Soziales, Bildung, Wirtschaft, Verkehr, Kommunikation, Sport, Umwelt, Tourismus und Geschichte.

Landeskunde
www.erdkunde-online.de
Grundlegende Informationen über Länder von A–Z. Unter dem Menüpunkt „Länderinformationen" kann man sich weiterklicken und das gewünschte Land auswählen. Die Informationen sind kurz und prägnant, aber trotzdem umfassend: Staatsführung, politische Ordnung, geographische Informationen, Bevölkerung, Religion, Wirtschaftsdaten, soziale Indikatoren, Verkehr, Tourismus, Bildung und Kultur, kurzer geschichtlicher Abriß, Essen und Trinken und Umgangsformen. Außerdem findet man hier auch weiterführende Literaturtips.

Unter anderen Menüpunkten erhält man noch vielfältige andere Informationen, unter anderem einen Sprachführer, Botschaftskontakte, Stadtpläne zum Download, Vorwahlen und vieles mehr.

Auswärtiges Amt
www.auswaertiges-amt.de
Unter „Länder- und Reiseinformationen" das jeweilige Land eingeben, dann erhalten Sie eine kurze und aktuelle Zusammenfassung zu politischen, kulturellen, wirtschaftlichen und wissenschaftlichen Themen. Interessant sind vor allem die weiterführenden Links zu Institutionen in den Bereichen Politik, Bildung und Wissenschaft.

Schnell und praktisch
www.derreisefuehrer.com
Grundlegende Informationen in Kurzform: Kontaktadressen der Botschaften, Allgemeines, gesetzliche Feiertage, Geld, Reiseverkehr, Sozial- und Wirtschaftsprofil, Klima, Unterkunft, Landkarte und ein-

zelne Tips für einige Städte und Regionen. Besonders komfortabel ist der Miniguide, der nach persönlichem Bedarf zusammengestellt und ausgedruckt werden kann.

Debelux
www.debelux.org
Informative und übersichtliche Seite der Außenhandelskammer Debelux, zuständig für die Geschäftsbeziehungen zwischen Deutschland, Belgien und Luxemburg (dreisprachig). Hier erfährt man Adressen und Ansprechpartner der jeweiligen Niederlassung in Köln, Brüssel und Luxemburg. Man kann sich ebenso über das recht ausführliche Dienstleistungsangebot informieren. Unter dem Link „Länderinfo" gibt es allgemeine und wirtschaftliche Informationen zu den drei Ländern, außerdem weitere Links, die zur „Stellenbörse" und zu „Publikationen" führen, wo man sich eine Liste der Veröffentlichungen als PDF-Datei ausdrucken kann. Um das zweimonatliche Magazin „debelux-journal" zu beziehen, muss man allerdings Mitglied werden, was über die Homepage möglich ist. Die aktuellen Projekte zur Förderung der wirtschaftlichen Beziehungen werden unter dem Stichwort „Projekte" vorgestellt.

Euregio Maas-Rhein
www.euregio-mr.org
Eine einfache Benutzerführung kann man der Seite nicht vorwerfen, mit etwas Geduld erfährt man dennoch etwas über die Euregio Maas-Rhein, die aus fünf Partnerregionen besteht: der belgischen Provinz Limburg, der niederländischen Provinz Limburg, der deutschsprachigen Gemeinschaft in Belgien, der belgischen Provinz Lüttich und der Region Aachen. Gegründet 1976 als Arbeitsgemeinschaft hat sich dieser grenzüberschreitende Kooperationsverband inzwischen in eine Stiftung mit Sitz in Maastricht verwandelt. Auf der Homepage gibt es neben den Informationen zu den Aufgaben und der Struktur der Organisation zahlreiche Broschüren, die gratis per E-Mail bestellt werden können.

Europapolitik
www.europa-digital.de
Viele Informationen, gute Gestaltung und optimale Benutzerführung in Sachen Europapolitik. Laut Eigendarstellung ist das Thema der Homepage „Europa an der Schnittstelle von Politik und Internet", unter der Rubrik „Europa aktuell" gibt es tägliche Presseschauen.

Außerdem führen die Betreiber durch den EU-Dschungel und bieten unter „Europa plus" einen Länderüberblick mit zur Zeit 20 Profilen europäischer Länder an.

Europäische Union

www.europa.eu.int

Die Europäische Union online. Mit Nachrichten, aktuellen Themen, Institutionen, einem geschichtlichen Überblick, einem Glossar, amtlichen Dokumenten und Informationsquellen.

Unterhalb des Links „Tätigkeitsbereiche" finden Sie weitere Informationen zu auswärtigen Beziehungen, Beschäftigung und Sozialpolitik, Binnenmarkt, Forschungs- und Technologiepolitik, Regionalpolitik, Transeuropäischen Netzen, Unternehmen und Wirtschaft.

Europa im Dialog

http://citizens.eu.int

Informationen der Initiative „Bürger Europas" der Europäischen Kommission über die verschiedenen Länder der EU. Man wählt zuerst sein Ausgangsland bzw. die Sprache seiner Wahl, dann das Land, für das man sich interessiert. Für jedes Land werden folgende Rubriken angeboten: Wohnen, Arbeiten, Arbeitssuche, Studium, Ausbildung und Forschung, Kauf von Waren oder Dienstleistungen, Reisen und Chancengleichheit. Innerhalb der einzelnen Rubriken kann man Datenblätter, Informationen und auch weiterführende Links aufrufen. Hier findet man auch einen Link zu EURES, dem Netzwerk der Europäischen Arbeitsverwaltungen, das sich das Ziel gesetzt hat, die Mobilität im europäischen Wirtschaftsraum zu fördern. Kostenlos erhalten Sie Broschüren zu den o. g. Rubriken über den Link „Arbeit Suchen" per Formular bzw. E-Mail.

Niederlande

Niederländische Botschaft

www.niederlandeweb.de

Auf der Website der niederländischen Botschaft bzw. der Generalkonsulate kann man sich vor allem im Bereich Wirtschaft und Politik grundlegend informieren. Es gibt eine Rubrik für deutsche Unternehmer, die die niederländische Wirtschaft und den Handel zwischen den beiden Ländern mit Daten und Fakten beschreibt, ebenso werden Informationen über Steuern und Finanzen, niederländische Unternehmen, Märkte und Branchen, Messen und Kongresse vermittelt. Die niederländische Version bietet unter dem Stichwort „Nederlandse ondernemers"/„Zakendoen in Duitsland" den Link „Workshops en seminars" an, der eine Übersicht bietet über aktuelle Veranstaltungen zum Thema kulturelle Unterschiede und Wirtschaftsrecht. Interessant sind auch die Verweise unter dem Stichpunkt „Adviesorganisaties", die unter anderem zu Unternehmens- und Rechtsberatungen führen, die sich direkt mit dem deutsch-niederländischen Handel befassen.

Deutsch-Niederländische Handelskammer (DNHK)
www.dnhk.nl
Die Deutsch-Niederländische Handelskammer steht deutschen und niederländischen Unternehmen seit 95 Jahren als Berater zur Verfügung. Die Kammer bietet ein Kommunikationsforum für Geschäftspartner und eine breite Palette an Dienstleistungen. Hinter dem markanten Namen ANTJE verbirgt sich außerdem eine Vermittlung für Jobs in den Niederlanden, die von der DNHK organisiert wird. Standorte sind Den Haag und Düsseldorf.

IT-Business-Plattform NRW-Niederlande
www.nrw-nl.com
Diese Plattform wurde 1998 initiiert. Ziel ist die Stärkung der wirtschaftlichen Beziehungen zwischen NRW und den Niederlanden und die überregionale Förderung der aufstrebenden Informations- und Telekommunikationsbranche. Das Engagement auf der jeweils „anderen Seite" soll den Unternehmen im IT-Bereich durch konkrete Hilfe, wie z. B. die kostenlose Vorbereitung und Durchführung von Veranstaltungen, die das Kennenlernen geschäftlicher Partner ermöglichen, erleichtert werden. Auf der Site gibt es einen regionalen Firmenpool, weiterführende Links und einen Rückblick auf Aktivitäten seit 1999.

Hollandtrade
www.hollandtrade.com/htmlde
Zusammengestellt wird diese Homepage vom niederländischen Außenhandelsdienst, einer Dienststelle des Wirtschaftsministeriums. Man erhält Informationen über die niederländische Wirtschaftssituation, einzelne Industriesektoren, die Niederlande im internationalen Vergleich und über neueste wirtschaftlich relevante Entwicklungen und Produkte.

KPMG German Desk

www.kpmg.nl

Der so genannte „German Desk" in englischer Sprache verbirgt sich hinter diversen Links: Zunächst benutzen Sie den Link „Index", dann „Corporate Site EN", danach weiter auf „KPMG International Services Department" und dann erst nach „Europe", dann nach „Germany" suchen, dort können Sie den German Desk per Link aufrufen und sich zwischen dem „Team" und den „Attributes & capabilities" entscheiden. Nach 6 bis 7 Clicks sind Sie also endlich angekommen, die Benutzerführung läßt hier etwas zu wünschen übrig.

Der KPMG German Desk verbindet laut Selbstdarstellung deutsche und niederländische Wirtschaftsexperten mit Erfahrungen in beiden Ländern, um den Handel mit dem jeweils anderen Land so erfolgreich wie möglich zu gestalten und bei einer Niederlassung beratend tätig zu werden. Die Beratung umfaßt juristische, steuerliche und wirtschaftliche Aspekte und bezieht auch die jeweils anderen kulturellen und unternehmerischen Verhältnisse und Voraussetzungen mit ein. In dem auf der Website vorgestellten Team sind sowohl Niederländer als auch Deutsche vertreten und per Mail oder telefonisch erreichbar.

Nedex

www.nedex.de

Marketingberatung vor dem speziellen deutsch-niederländischen Hintergrund bietet Nedex Consult mit Sitz im grenznahen Kleve. Die Seite gibt es auf Deutsch und Niederländisch. Ausgehend vom Wissen um die Unterschiede zwischen den beiden Ländern wird hier ein umfangreiches Marketingkonzept geboten, das dem jeweiligen Handelsstandort optimal angeglichen wird. Nach der Markteintrittsstrategie können potentielle Vertriebspartner und Kunden über Nedex gesucht werden, im Angebot sind außerdem Telefonmarketingaktivitäten, Werbekampagnen und an die Anpassung von Firmenbroschüren für den niederländischen Markt. Es gibt auf der Website unter „Kontakt gesucht" eine Auflistung von Firmen, die an einer grenzüberschreitenden Kooperation interessiert sind, unter „Businessacademie" ein Programm für Workshops und Seminare, und Nedex bietet auch Unterstützung bei der Suche nach Arbeitskräften in den Niederlanden. Verlinkt ist außerdem der Niederländisch-Deutsche Businessclub Kleve und die Anwaltskanzlei Strick (www.strick.de), die sich vor allem mit grenzüberschreitenden Themen beschäftigt.

Deutschland aus niederländischer Perspektive
www.duitslandweb.nl
Eine relativ junge niederländische Website, die sich mit deutschen
Themen befaßt. Interessant für Deutsche ist vor allem der niederländische Blick auf das eigene Land, die Rubrik Adressen unter „NL
DE" und die aktuellen Kolumnen in Deutschland lebender Niederländer, die viel Aufschluß darüber geben, was unseren Nachbarn an
uns so alles auffällt ...

Euregio Rhein-Waal
www.euregio.org
Homepage der Euregio Geschäftsstelle Rhein-Waal in Kleve. Als Motto
gilt „Förderung der gesellschaftlichen Integration im deutsch-niederländischen Grenzgebiet an Rhein, Waal und Maas durch die Organisation grenzüberschreitender Zusammenarbeit". Die Site bietet Informationen über aktuelle Termine, Aktivitäten, Projekte und Publika-

tionen der Euregio, außerdem ein Link auf Eures [www.euregio.org/
eures/index.cfm], ein Programm zur Förderung der grenzüberschreitenden Arbeitsmobilität im europäischen Kontext, z. B. mit einer
Praktikumssuchmaschine für das Grenzgebiet Deutschland/Nieder-
lande. Empfehlenswert ist auch der Internetführer zu Allgemeinbildung, Studium, Berufsausbildung, Arbeit und Berufsberatung in den
Niederlanden, der „Klikken op Nederland" heißt und über den Link
„Publikationen" im PDF oder HTML-Format vorliegt. Für konkrete
Fragen im bilateralen Kontext ist diese Homepage bestens geeignet.

IHK Aachen-Maastricht
www.cci-aachen-maastricht.com
Deutsch-niederländische Kooperation der beiden Handelskammern
in Aachen und Maastricht. Für Unternehmensgründer in den Niederlanden gibt es hilfreiche erste Informationen zum Arbeits-, Gewerbe-
und Steuerrecht, zur Sozialversicherung, Literatur-Empfehlungen zur
Existenzgründung in den Niederlanden und viele nützliche Links und
Adressen.

IHK Aachen/Euregio
www.aachen.ihk.de
Unter dem Stichwort Euregio gibt es viele Informationen zur wirtschaftlichen Kooperation im Maas-Rhein Gebiet. Besonders erwähnenswert sind der „Euregionale Infrastrukturatlas" (englisch) und der
Deutsch-Niederländische Businessclub, der 2000 gegründet wurde.

Arbeiten in den Niederlanden
http://bak-information.ub.tu-berlin.de/verzeichnisse/jobseite/laender/
jobboersen/niederld.htm
Für Leute, die in den Niederlanden eine Arbeitsstelle suchen: Kurz-
information zur Arbeitsvermittlung, Anerkennung von Diplomen,
Arbeitsverträgen, Bewerbung, Kündigung, Löhne und Gehälter, soziale Absicherung, Kindergeld, Meldepflicht und Aufenthaltsgeneh-
migung. Außerdem wichtige Adressen im Zusammenhang mit der
Arbeitssuche, Links zu niederländischen Zeitungen und eine Jobbörse,
die sich mit der Fülle an weiterführenden Links sehen lassen kann.

Tourismus
www.holland.com/de
Die offizielle Seite des Niederländischen Tourismusbüros in deutscher
Sprache. Hier findet man viele Standardinformationen, darüber hinaus aber auch sehr nützliche und aktuelle Tips. Hotelbuchungen sind
über diese Seite möglich, es gibt Veranstaltungstips, einen Restaurant-
führer, einiges über Essen & Trinken in den Niederlanden und noch
vieles mehr.

Städte und Provinzen
www.stedengids.nl
Eine nach den wichtigsten niederländischen Städten aller Provinzen
sortierte Linksammlung. Die Seite ist in dieser Form recht neu und
wird ständig erweitert. Sie bietet vor allem einen guten Überblick über
die möglichen Aktivitäten in den jeweiligen Städten. Die niederländische Sprache sollten Sie allerdings beherrschen.

Belgien

Allgemeines
www.ratgeber-belgien.de
Viele nützliche Links wurden hier in privater Initiative zusammenge-
tragen. Buchtips, Wetter, Feiertage, Offizielles, gelbe Seiten, touristische Informationen zu einzelnen Städten, verschiedene Reiseanbieter,
Landeskunde, Verkehrverbindungen, Fluggesellschaften, Medien,
unter anderem die bewegte Geschichte des ersten deutschsprachigen
Privatsenders aus Belgien, Kultur und Geschichte, Bildung, Goethe-
Institut, Adressen für Austauschinteressierte, Sonnenstand in Belgien
oder einen Benelux-Beerguide.

Belgium Travel Network
www.trabel.com
Generelle touristische Informationen über einzelne belgische Städte.
Die Seite ist englischsprachig. Informationen zu Geschichte, bedeutenden Gebäuden, Museen, kulturellem Geschehen, Touren, Stadtplan, Essen & Trinken und Unterkünften werden in der Regel für jede
Stadt auf der Homepage geboten. Unter dem Link „Other cities in
Belgium" sieht man einen Überblick über die auf der Site besproche-
nen Städte, unterteilt nach Flandern und Wallonien (die deutschsprachigen Städte gehören zur wallonischen Region). Auf den Seiten der
einzelnen Städte findet man auch die jeweilige Adresse des Tourist
Office. Relativ ausführlicher Teil zur Hauptstadt Brüssel.

Tourismus/Flandern
www.toerismevlaanderen.be

Viele nützliche Tips zum Thema Tourismus in Flandern. Allgemeine
Informationen wie Klima, Landschaft, Sprachen, Geschichte, Königi-
reich, Postamt, Telefonieren, Markttage, Feiertage, Einkaufen usw.
Weiterhin kann man sich über die bedeutendsten Städte informieren,
die belgische Küstenregion und das „grüne" Belgien. Broschüren sind
per E-Mail zu bestellen.

Belgische Botschaft
www.diplobel.org/deutschland
Homepage der belgischen Botschaft. Grundsätzliche Informationen
über Belgien, erwähnenswert ist die Übersicht über die Funktionen
und Aufgaben der verschiedenen Regierungsebenen. Ansonsten Informationen zum Aufenthalt in Belgien, Wohnen, Arbeiten, Studieren, mit einem speziellen Teil für Journalisten. Unter dem Link „Business" finden sich grundlegende Informationen und weitere Links zum
Thema Wirtschaft und Handelsbeziehungen.

Föderalregierung
www.belgium.be
Seite der höchsten belgischen Regierungsebene. Informationen zum
Föderalstaat, über Ministerien, Ministerrat und Monarchie, Bevölkerung, Wirtschaft, Behörden, Kunst, Kultur, Europäische Union, Bildung und Wissenschaft. Man kann hier ebenfalls einen geschichtlichen Abriß nach Epochen finden, die Verfassung Belgiens nachlesen
und erfährt Näheres über Nationalfeiertage, Feiertage der Gemeinschaft, Flaggen und Hymnen. Der Link „Der Staat" führt zu einem

kurzen und guten Überblick über die Einteilung in Gemeinschaften und Provinzen, diese spezielle „belgische" Aufteilung sollte man auf jeden Fall kennen.

Flämische Gemeinschaft/Flämische Region
www.vlaanderen.be
Offizielle Darstellung der Flämischen Gemeinschaft und der flämischen Region auf Niederländisch und Englisch. Übersicht und Funktion der Administration, Statistiken, wirtschaftliche Aspekte, Flandern im internationalen Kontext. Weitere Links zu den einzelnen Provinzen Antwerpen, Limburg, Oost-Vlaanderen, West-Vlaanderen und Vlaams-Brabant.

Französische Gemeinschaft
www.cfwb.be
Offizielle Seite der französischsprachigen Gemeinschaft, auf Französisch, Englisch und Deutsch. Institutionen, Darstellung der Regierung, des Parlaments und der Minister. Weitere Links zu einzelnen Städten innerhalb der Gemeinschaft, Aktivitäten, Aktuelles, Kunst und Kultur, Bibliotheken und einiges mehr.

Wallonische Region
www.wallonie.be
Französischsprachige Seite der Wallonischen Region unterteilt in die vier Blöcke „Citoyens", „Entreprises", „Thèmes" zur Region und einer auch in deutsch abrufbaren Touristeninformationsseite „Décrouvir la Wallonie". Hinter letzterer verbirgt sich u.a. ein geschichtlicher Abriß und Wallonie als Wirtschaftsstandort. Der Themenblock „Entreprises" erläutert auch Zuschüsse, die staatlich oder privat gewährt werden und verweist auf Beratungsstellen. Die Spalte „Informations générales" bietet nützliche Informationen zu Ministerien, Parlament und Regierung, sowie unter dem Stichwort „Services publics" Auskunft zu Verwaltungseinheiten, Ämter mit den jeweiligen Adressen und sonstige wallonische Institutionen und Anlaufstellen. Außerdem finden sich weitere Verweise und die Möglichkeit, kostenpflichtige Publikationen zu verschiedenen Themen zu bestellen. Unter „Actualités" sind Kurzinformationen zu Geschehnissen in der Region abrufbar.

Deutschsprachige Gemeinschaft
www.dglive.be
Interessante Zusammenfassung zur Geschichte der deutschsprachigen Gemeinschaft. Statistische Daten zu wirtschaftlichen Fakten (kleiner Exkurs zum Eupener Kabelwerk), zur Bevölkerung, viele weiterführende Links zu Parteien, Unternehmen, Vereinen, Verbänden und Sportclubs. Kleine Einführung ins belgische Staatsgefüge und Vorstellung aller Institutionen und Ämter. Zur ökonomischen Situation Ostbelgiens gibt es umfassende Informationen: Wirtschaftstandort, Institutionen und Verbände, Gründungsinitiativen und Außenhandel.

Region Brüssel
www.brussel.irisnet.be
Die deutsche Version ist eine abgespeckte Variante, das volle Programm gibt es nur auf Französisch und Niederländisch. Wenn Sie sich für offizielle, internationale und wirtschaftlich relevante Links interessieren, dann sind Sie bei der deutschsprachigen Sektion trotzdem gut aufgehoben.

Der Großraum Brüssel ist eine eigenständige Region, die sich hier administrativ präsentiert, außerdem gibt es Links zu Europäischen Institutionen, zum Europarat, der Wirtschaftsunion Benelux, der Nato und vielen anderen internationalen Organisationen. Hinter Wirtschaft verbirgt sich die Brüsseler Börse, Messen, Ausstellungen und Kongresse, Brüsseler Exporte, Berufsverbände und Gewerkschaften. Brüssel von der offiziellen Seite.

Wirtschaftsministerium
www.mineco.fgov.be
Die Seite des belgischen Wirtschaftsministeriums ist in vier Sprachen online, darunter auch Deutsch. Unter „Wirtschaftsbarometer" finden sich zahlreiche Informationen, Tabellen und Grafiken zur belgischen Wirtschaft, zum Teil nicht in deutscher Sprache, dafür aber meistens auf Englisch, sonst natürlich Niederländisch und Französisch. Zum Download als PDF gibt es den aktuellen Jahresbericht des Wirtschaftsministeriums. Weitere Links auf der Seite sind: EURO-Raum, Informationsgesellschaft, Marktordnung, Infos für Betriebe, Auslandsinvestitionen, Verbraucherschutz, Energie, wirtschaftliche Informationen und Darstellung des Ministeriums. Bemerkenswert ist unter dem Link „Infos für Betriebe" das „Vademekum für Unternehmen", ein Leitfaden für die Ausübung einer Wirtschaftstätigkeit, der per Bestellschein gegen Gebühr angefordert werden kann.

Flanders Foreign Investment Office
www.ffio.com
Speziell für ausländische Unternehmen, die ein Interesse am nord-
belgischen Markt inklusive der Brüsseler Region haben. Viele Informationen zum Wirtschaftsstandort Brüssel, attraktiv dargestellt wird
die EU-Metropole vor allem deshalb, weil sich hier angelsächsische,
nord- und südeuropäische Mentalitäten wirtschaftlich erfolgreich verbinden. Weitere Informationen über die ökonomische Infrastruktur
der einzelnen Regionen, Bildung und Arbeitsmoral, ein Überblick über
verschiedene Branchen, einen Business Guide und Allgemeines über
die Lebensqualität. Es gibt Broschüren zu einzelnen Themen, die man
entweder bestellen oder online lesen kann. Sehr zu empfehlen ist die
ausführliche Linksammlung zu den Themen: Government, Business,
Education und Life in Flanders.

EU-Fördermittel
www.eu-money.org

Seite des EU-Beratungsnetzwerkes für die Region Maas-Rhein, die
zum Thema EU-Fördermittel berät. Man kann sich eine Liste des Be-
ratungsangebots oder der Projekte ansehen und erhält dazu detaillierte Informationen. Es gibt Links zu Veranstaltungen, Ausschreibun-
gen und Förderprogrammen. Die Betreiber der Seite haben sich als
Ziel gesetzt, die Transparenz des EU-Netzwerkes in der Region Maas-
Rhein zu erhöhen.

Parteienlandschaft
www.belgium.be
Unter den Links „Der Staat" und dann „Politische Parteien in Belgi-
en" findet sich eine Linksammlung aller wichtigen belgischen Partei-
en mit deutschsprachiger „Erklärung" dahinter, so daß man sich sehr
gut orientieren kann. Von ganz rechts, der *Front National* und dem
Vlaams Blok, über die flämischen bzw. französischsprachigen Grünen bis ganz links, den wiederum nach Sprache getrennten sozialistischen Parteien. Die Links führen zunächst auf eine Unterseite mit
weiteren Informationen, hier führen dann Verweise zu den jeweiligen
Homepages der einzelnen Parteien.

Medien
www.mediamonster.de/pibe.htm
Zusammenstellung der Medien in Belgien mit Verweisen auf flämische, französisch- und deutschsprachige Zeitungen. Die Linksammlung bietet einen guten Überblick über die belgische Zeitungslandschaft: Von der Homepage des flämischen *Standaard* über die Seite des, besonders für wirtschaftliche Themen interessanten, *Tijd Net*, der Online-Version der *Financieel Economische Tijd*, bis zum *Grenz-Echo*, der deutschsprachigen Tageszeitung. Außerdem erreicht man von hier aus auch den französischsprachigen *Le Soir* oder die Online-Ausgabe der Tageszeitung *Het Belang van Limburg*.

Luxemburg

City Tourist Office
www.luxembourg-city.lu

Touristische Informationen auf französisch und englisch sowohl über die Stadt als auch das Land Luxemburg. Nicht besonders viel Hintergrundinformation, aber dafür viel Konkretes: Attraktionen, Hotels, Restaurants, Events, Ausstellungen, Stadtplan. Die Regionen werden kurz beschrieben und man kann verschiedene Städte anwählen, um Informationen über Hotels und Restaurants zu erhalten. Broschüren zu verschiedenen Themen werden auf Wunsch zugeschickt.

Regierung und Administration
www.gouvernement.lu
Offizielle Seite der Luxemburgischen Regierung auf Französisch, eine englische Version ist in Arbeit. Erklärt wird der Regierungsaufbau, es gibt Informationen zum Premierminister und den einzelnen Ministerien und deren Mitarbeitern und Aufgaben. Im Bereich „Service Information et Presse" gibt es viele Publikationen als PDF oder Print zum Thema Luxemburg, manche auch auf Deutsch: Ökonomie und Finanzen, Sprache, eine allgemeine Infobroschüre, die „Panorama" heißt, Medien und Kommunikation und statistische Werte für das Jahr 2001. Eine weitere Publikation über das politische Leben in Luxemburg ist auf Französisch und Englisch zu haben. Außerdem gibt es eine recht umfassende Dossiersammlung, die verschiedene Bereiche abdeckt.

Deutsche Botschaft im Großherzogtum Luxemburg
http://webplaza.pt.lu/public/dtbotlux
Die Informationen sind insgesamt etwas spärlich, es gibt wichtige
Rufnummern, Adressen der Bankenvereinigung von Luxemburg, der
Messegesellschaft und der Zentrale für Statistik und Wirtschaftsmedien.
Zudem erhält man detailliertere Informationen zum Wechsel des
Wohnsitzes von Deutschland nach Luxemburg, Beantragung von Päs-
sen und der Ummeldung eines Kraftfahrzeugs.

Euregio SaarLorLuxRhin
www. euregio.lu
Zur „Förderung und Stärkung der kommunalen Zusammenarbeit in
der Großregion", bestehend aus Saarland, Lothringen, Luxemburg und
Rheinland-Pfalz, wurde 1995 diese Euregio gegründet. Die Geschäftsstelle befindet sich in Luxemburg-Stadt. Die Seite informiert über die
Mitglieder, den Aufbau der Euregio und die Aktivitäten und Veranstaltungen. Es gibt weiterführende Links und einen Hinweis auf ein
kostenloses Infotelefon (dt/fr), das für den gesamtem Kooperations-
raum zuständig ist.

Handelskammer Luxemburg
www.cc.lu
Die französischsprachige Seite der Luxemburgischen Handelskammer.
Hier findet man die Ansprechpartner der entsprechenden Unterab-
teilungen mit Telefonnummer und Mailadresse und Artikel des *Lëtze-*
buerger Merkur zum Thema Wirtschaft (davon die meisten wiederum
in deutscher Sprache). Unter dem Link „Liens" befindet sich eine Linksammlung zu wichtigen, wirtschaftlich relevanten Organisationen.

Vektor – IHK-Projekt für Saar-Lor-Lux-Trier-Westpfalz
www.saarlorlux.org
Dreisprachige Seite (dt/fr/eng) der IHKn, die für die Region Saar-Lor-
Lux-Trier-Westpfalz eine Firmendatenbank, Standortinformationen
und ein „Export-Kompetenz-Zentrum-online" bietet. Mehr als 4.580
Unternehmensprofile sind aktuell in der Datenbank vorhanden und
können nach Branchen geordnet abgerufen werden. Im „Export-Kom-
petenz-Zentrum" werden Informationen für import- und exportori-
entierte Unternehmen zugänglich gemacht, um sich ohne großen Zeit-
aufwand über ausländische Märkte zu informieren. Interessant ist ebenfalls unter „Fakten" eine Grafik, die statistische Werte für die einzelnen Regionen im Vergleich darstellt. Hier erfahren Sie auch alles über

Adressen und Ansprechpartner der jeweiligen Regionen und Handelskammern.

Statistische Ämter der Großregion
www.grossregion.lu
Die Zusammenarbeit der statistischen Ämter dieser fünf Mitglieder der Großregion Saar-Lor-Lux-Trier/Westpfalz-Wallonien geht bis in die 70er Jahre zurück. Damals wurde eine Regionalkommission gegründet, die den gegenseitigen Informations- und Erfahrungsaustausch über alle regionalen und lokalen Begebenheiten und die Planung gemeinsamer grenzüberschreitender Vorhaben als Zielsetzung verfolgte. Auf der Homepage finden sich Daten und Fakten zu Bevölkerungsstruktur, Wirtschaftsdaten, Arbeitsmarktsituation, Berufspendler und Informationen über Landwirtschaft und Tourismus. An Veröffentlichungen sind das „Statistische Jahrbuch", das alle zwei Jahr erscheint, die Broschüre „Mitten in Europa" und das „Portrait der Großregion" zu erwähnen.

Luxemburg in Zahlen
www.statec.lu
Dreisprachige Seite mit ausführlichen statistischen Informationen über Luxemburg. Thematisch geordnet nach Staatsgebiet und Klima, Bevölkerung, Beschäftigung, Unternehmen, Volkswirtschaftliche Gesamtrechnungen, Landwirtschaft, Industrie, Baugewerbe, Banken und Versicherungen, Kommunikation, Verkehr, andere Dienstleistungen, Preise und Löhne, Lebensstandard, Verbrauch, Bildung, Kultur, Gesundheitswesen, Sozialleistungen, Wahlen, Währung, öffentliche Finanzen, Außenhandel, Leistungsbilanz und Umwelt.

Wort Online
www.wort.lu
Übersichtliche Online-Ausgabe der deutschsprachigen Tageszeitung *Luxemburger Wort*. Rubriken sind Letzeburg, Business & Technik, Sport, Kultur & Leben und *La Voix du Luxembourg*. Einen besonderen Service findet man unterhalb des Links „Geschäftsberichte". Dort können Geschäftsberichte verschiedenster Unternehmen bestellt werden, entweder im PDF-Format oder per Post. Man kann nach Ländern, Industriesektoren oder alphabetisch auswählen.

Nordrhein-Westfalen

Landesregierung online
www.nrw.de

Offizielle Seite der Landesregierung Nordrhein-Westfalen. Aufbau der Landesregierung, Regierungsmitglieder, Pressemitteilungen, Reden etc. Interessant ist das NRW-Lexikon, von Landesgeschichte und Politik über Brauchtum, KPD, Lippe und Landesorden bis Sprache wird hier ein detaillierter Fundus präsentiert. Bei „Sprache" werden Sie vielleicht stutzen – aber wissen Sie selbst genau, ob Sie nun einen ost-westfälischen, ripuarischen oder südniederfränkischen Dialekt sprechen? Für geschichtlich Interessierte führt ein Link zur NRW-Chronik seit 1946, etwas kompakter kann man sich auch über den Link „Zukunftsland NRW" mit Hilfe der „kleinen Landesgeschichte" informieren. Außerdem gibt es Informationen zum Landeshaushalt, der Landesplanung sowie Beratungs- und Kontaktadressen. Der Bürgerservice rundet das Angebot dieser übersichtlichen Seite mit einer Download-Sektion, Rechtsquellen, Ferien und Feiertagen ab.

Gesellschaft für Wirtschaftsförderung NRW
www.gfw-nrw.de
engl.: www.german-economics.de

Die Gesellschaft sieht sich als landesweite Schnittstelle zwischen Wirtschaft, Verwaltung und Politik. Sie ist privatrechtlich organisiert, einziger Gesellschafter ist das Land Nordrhein-Westfalen. Zu ihren Aufgabengebieten gehören Standortsuche bzw. -erweiterung, Erschließung von Auslandsmärkten, Aufbau internationaler und europäischer Kooperationsnetzwerke, Begleitung in- und ausländischer Unternehmen und Beratung in Sachen Unternehmensentwicklung. Die GfW informiert zu allen Förderprogrammen des Landes NRW, es gibt ein spezielles „Beratungsprogramm Wirtschaft", eine Gewerbeflächendatenbank zur Standortsuche und Informationen zur „Mittelstands-Offensive". Auf der Seite gibt es außerdem Informationen zum Standort NRW und einen tabellarischen Überblick mit Zahlen und Fakten. Von dieser Seite aus ist auch eine Brancheninformationsdatenbank zu erreichen, die über einzelne Branchen und auch bestimmte Unternehmen Informationen liefert.

An Veröffentlichungen hat die GfW Themenhefte, Periodika (Info.Komm) und das Magazin *Welcome* zu bieten, das über den Link Service per E-Mail zu beziehen ist.

Bundesagentur für Außenwirtschaft
www.bfai.de
Die Bundesagentur für Außenwirtschaft ist eine Servicestelle des Bundesministeriums für Wirtschaft und Technologie und informiert über die aktuelle Situation auf ausländischen Märkten. Die Informationen bezieht die Agentur über weltweit tätige Korrespondenten. Die Zentrale in Köln ist Ansprechpartner für deutsche Unternehmen, die sich auf ausländischen Märkten etablieren möchten. Konkret bietet die bfai Marktanalysen, Wirtschaftsdaten und Informationen aus rund 200 Ländern und Wirtschaftsregionen.

Ministerium für Wirtschaft, Mittelstand, Energie und Verkehr NRW
www.mwmev.nrw.de
Hier wird kräftig die Werbetrommel für den Standort NRW gerührt, man kann sich informieren über Messen, Unternehmensbefragungen, Konjunktur und Branchenbilder in Nordrhein-Westfalen. Das Ministerium und die verschiedenen Arbeitsbereiche werden vorgestellt, beeindruckend umfangreich ist die Liste der Initiativen und Kampagnen des Ministeriums unterhalb des Links „Das Ministerium" als Rubrik „Landesinitiativen NRW", wo unter anderem auch das Stichwort Euregio zu finden ist. Unter Wirtschaftsförderung werden Förderprogramme des Landes vorgestellt, es gibt spezielle Förderbausteine zu Themen wie Beratung, Gründungs- und Wachstumsfinanzierung, Auslandsmärkte, Technologie- und Innovationsprogramme, regionale Wirtschaftsförderung und Energie.

Wissenschaftszentrum NRW
www.wz.nrw.de
Das Wissenschaftszentrum NRW hat sich dem Dialog zwischen Wissenschaft einerseits und Politik, Wirtschaft, Kultur und Öffentlichkeit andererseits verschrieben. Angeschlossen sind außer der gleichnamigen Dachinstitution drei weitere Einrichtungen in der Region: das Kulturwissenschaftliche Institut in Essen (KWI), das Institut Arbeit und Technik in Gelsenkirchen (IAT) und das in Wuppertal ansässige Institut für Klima, Umwelt und Energie GmbH (WI). Das Wissenschaftszentrum mit Sitz in Düsseldorf bildet dabei die Schnittstelle zwischen den interdisziplinären Forschungsinstituten. Die Seite informiert über Arbeitsweise, Schwerpunkte, Veranstaltungen und Publikationen.

Neue Medien in NRW

www.media.nrw.de

Diese Seite beschäftigt sich mit allen Themenaspekten rund um die Bereiche der TIMES-Branche, als da wären Telekommunikation, Information, Multimedia, Entertainment und IT-Sicherheit. Die Betreiber der NRW Medien GmbH, einer hundertprozentigen Tochter der Landesregierung, bezeichnen sich selbst als Katalysator der nordrheinwestfälischen Internetwirtschaft und als „umfassendste politische Initiative zur Beschleunigung der Multimedia-Evolution in Mitteleuropa". Unter „netzwerk" werden zahlreiche Projekte und Institutionen vorgestellt, unter „services" erfährt man Näheres über die angebotenen Leistungen der NRW Media GmbH, die im Prinzip aus den drei Bereichen Networking, Consulting und Financing bestehen. Außerdem enthält die Seite einen Terminkalender, eine „library"-Sektion mit der Möglichkeit, Artikel down zu loaden, unter „finance" finden sich Links zu Finanzen und Fördermöglichkeiten.

169

Euregio Rhein-Waal

www.euregio.org

Homepage der Euregio Geschäftsstelle Rhein-Waal in Kleve. Als Motto gilt „Förderung der gesellschaftlichen Integration im deutsch-niederländischen Grenzgebiet an Rhein, Waal und Maas durch die Organisation grenzüberschreitender Zusammenarbeit". Die Site bietet Informationen über aktuelle Termine, Aktivitäten, Projekte und Publikationen der Euregio, außerdem ein Link auf Eures [www.euregio.org/eures/index.cfm], ein Programm zur Förderung der grenzüberschreitenden Arbeitsmobilität im europäischen Kontext, z. B. mit einer Praktikumssuchmaschine für das Grenzgebiet Deutschland/Niederlande. Empfehlenswert ist auch der Internetführer zu Allgemeinbildung, Studium, Berufsausbildung, Arbeit und Berufsberatung in den Niederlanden, der „Klikken op Nederland" heißt und über den Link „Publikationen" im PDF oder HTML-Format vorliegt. Für konkrete Fragen im bilateralen Kontext ist diese Homepage bestens geeignet.

Tourismus

www.nrwtourismus.de

Ruhige und informative Seite des Dachverbandes Tourismus für Nordrhein-Westfalen. Reisetips und Infos gibt es für Städtereisen, Kultur, Radfahren, Wandern, Sport, Landerlebnis, Messen & Kongresse, Wellness & Gesundheit, Industriekultur und Rhein. Interessant sind auch die jeweiligen Highlights mit konkreten Angeboten. Über eine NRW-

Karte kommt man auch auf die Homepages ausgewählter Städte und Regionen. Unter „Urlaubsangebote" findet sich für die jeweilige Stadt oder Region eine Übersicht des Informationsangebotes. Diese Seite ist sicher nicht nur für die Geschäftspartner aus den Nachbarländern interessant.

Industriekultur
www.route-industriekultur.de
Die Route Industriekultur ist ein Projekt des Kommunalverbandes Ruhrgebiet mit 46 Zeugnissen der industriekulturellen Vergangenheit und Gegenwart der Region. Dazu gehören Industrieanlagen, Arbeitersiedlungen, Unternehmervillen, Museen und Panoramen, die die Geschichte des Ruhrpotts vermitteln. Es gibt Informationen zu insgesamt 25 Themenrouten, beispielsweise zur Geschichte des Bergbaus, der Eisenbahn und der Schiffahrt. Broschüren gibt es örtlich über das Besucherzentrum Zeche Zollverein XII in Essen oder online auf Bestellung.

Literatur

Allgemeines

Delwaide, Jacobus/Michels, Georg/Müller, Bernd (Hg.): Die Rhein-gesellschaft. Mentalitäten, Kulturen und Traditionen im Her-zen Europas, (Schriften des Zentrums für Europäische Inte-grationsforschung 56), Baden-Baden 2003.

Erbe, Michael: Belgien – Niederlande – Luxemburg. Geschichte des niederländischen Raumes, Stuttgart 1993.

Hofstede, Geert: Lokales Denken, globales Handeln: Kulturen, Zu-sammenarbeit und Management, München 1997.

Lepszy, Norbert/Woyke, Wichard: Belgien, Niederlande, Luxemburg. Politik – Gesellschaft – Wirtschaft, Opladen 1985.

Linder, Leo G.: Dreistromland. Wie das neue Europa zwischen Schel-de, Maas und Rhein Gestalt annimmt, Stuttgart 2000.

De Vries, André: Live and Work in Belgium, the Netherlands and Luxembourg, Oxford 1998.

Witz, Cornelia: Benelux-Ploetz: Belgien, Niederlande, Luxemburg. Geschichte zum Nachschlagen, Freiburg 1997.

Niederlande

Deutschland – Niederlande. Heiter bis wolkig. Begleitbuch zur Aus-stellung im Haus der Geschichte der Bundesrepublik Deutsch-land, Bonn, 22. November 2000 bis 16. April 2001 und 26. Mai bis 16. September 2001 im Rijksmuseum Amsterdam, Bonn 2000.

Von der Dunk, Hermann W.: Twee buren, twee culturen. Opstellen over Nederland en Duitsland, Amsterdam 1994.

Gerisch, Ludwig: 'Holland' geschäftlich. Ein Leitfaden für deutsche Geschäftsleute in den Niederlanden, Den Haag (Deutsch-Nie-derländischen Handelskammer) [4]1999.

Gisling, Rob (Hg.): Die Niederlande zusammengefaßt. Euregio Rhein-Waal, Kleve 1995.

Van der Horst, Han: Der Himmel so tief. Niederlande und Nieder-länder verstehen, Münster 2000.

KPMG German Desk: Nederland – Duitsland. Actualiteiten. Red. Petra Frier, Free Lance Services. Ond. auspiciën van Paul Mede-ma/René Alberts, Den Haag 2001.

Kleuters, Joost L./Poettgens, Erika M. G.: Deutschland im Wandel: Ansichten über eine neue Ära. Veröffentlichung zum zehn-jährigen Jubiläum des Zentrums für Deutschland-Studien

(1991–2001), Nijmegen 2001.

Linthout, Dik: Frau Antje und Herr Mustermann. Niederlande für Deutsche, Berlin 2002.

Moldenhauer, Gebhard/Vis, Jan (Hg.): Die Niederlande und Deutschland. Einander kennen und verstehen, Münster 2001.

Müller, Bernd (Hg.): Vorbild Niederlande? Tips und Informationen zu Alltagsleben, Politik und Wirtschaft, Münster 1998.

Müller, Bernd/Wielenga, Friso (Hg.): Kannitverstan? Deutschlandbilder aus den Niederlanden, Münster 1995.

North, Michael: Geschichte der Niederlande, München 1997.

Slotboom, Ruud (Hg.): Nederland-Duitsland. Spiegel van twee culturen. Met een voorwoord van M. C. Brands, Utrecht 1997.

Vossestein, Jacob: Dealing with the Dutch, Amsterdam 1997.

Wielenga, Friso: Vom Feind zum Partner. Die Niederlande und Deutschland seit 1945. Mit einem Vorwort von Wolfgang Clement, Münster 2000.

Zahn, Ernest: Das unbekannte Holland. Regenten, Rebellen und Reformatoren, Berlin 1993.

Belgien

Das Belgien-Magazin: Aktuelles, Kultur, Tipps, Termine in Belgien. Grenzecho-Verlag, Eupen.

Antoine, Frédéric/Mouton, Olivier/Reynebeau, Marc/Wilssens, Anne-Marie: Belgien. Von der Kunst zu leben, Eupen 2001.

Dobbelaere, Karel/Elchardus, Mark/Kerkhofs, Jan/Voyé, Liliane/ Bawin-Legros, Bernadette: Verloren zekerheid. De Belgen en hun waarden, overtuigingen em houdingen, Tielt 2001.

Van Istendael, Geert: Het Belgisch labyrint: wakker worden in een ander land, Amsterdam 2001.

Knabe, Peter-Eckhard (Hg.): Königreich Belgien. Geschichte und Kultur, Köln 1988.

Pramer, Rolf (Hg.): Geschäftspartner Belgien, Köln 1994.

Prigge, Wolfgang-Ulrich: Staatliche Steuerung und gewerkschaftlicher Pluralismus. Kollektive Arbeitsbeziehungen in Belgien und Frankreich, Wiesbaden 2000.

Rochtus, Dirk: Die belgische „Nationalitätenfrage" als Herausforderung für Europa (Zei Discussion Paper C 27), Bonn 1998.

Schilling, Jörg/Täubrich, Rainer: Belgien, München 1990 (Aktuelle Länderkunden).

Schmitz-Reiners, Marion: Der Fremde in meinem Bett. Belgien, wie es lebt und liebt, Eupen 1994.

Luxemburg

Bossaert, Danielle: Das Großherzogtum Luxemburg. Das Selbstverständnis eines Kleinstaates, Bochum 1992.

Calmes, Christian/Bossaert, Danielle: Geschichte des Großherzogtums Luxemburg. Von 1815 bis heute, Luxemburg 1996.

Christophory, Jul: Luxembourgeois, qui êtes-vous? Echos et chuchotements, Luxembourg 1984.

De l'Etat à la Nation 1839–1989. 150 Joer onafhängeg. Ausstellungskatalog aus Anlaß der 150-Jahr-Feier der Unabhängigkeit des Großherzogtums Luxemburg, 19. April – 20. August 1989, Luxemburg 1989.

Deutsch, Wilma: Luxembourg. Leitfaden für deutsche Grenzgänger/innen, Trier (Arbeitsamt Trier, EURES) 1999.

Leinen Jo (Hrsg.): Saar-Lor-Lux. Eine Euro-Region mit Zukunft? (Schriftenreihe Geschichte, Politik und Gesellschaft 6), St. Ingbert 2001.

Trausch Gilbert: Le Luxembourg. Emergence d'un Etat et d'une Nation, Antwerpen 1989.

Trausch Gilbert: La Ville de Luxembourg, Antwerpen 1994.

Weber, Paul: Geschichte Luxemburgs im Zweiten Weltkrieg, Luxemburg 1990.

Zsivanovits, Karin Britta: Ideale Europäer durch Identitätsverlust? Luxemburg zwischen transnationaler Medienüberfremdung und kultureller Selbstbehauptung, Münster 2001.

Nordrhein-Westfalen

Alemann, Ulrich v./Brandenburg, Patrick: Nordrhein-Westfalen: ein Land entdeckt sich neu, Köln 1999.

Alemann, Ulrich v.: Die Kraft der Region: Nordrhein-Westfalen in Europa, Bonn 1990.

Angermund, Ralph (Hrsg.): NRW-Lexikon. Politik, Gesellschaft, Wirtschaft, Recht, Kultur, Opladen ²2000.

Brunn, Gerhard/Reulecke, Jürgen: Kleine Geschichte von Nordrhein-Westfalen, 1946–1996, Köln 1996.

Engelbrecht, Jörg: Landesgeschichte Nordrhein-Westfalen, Stuttgart 1994.

Erichsen, Hans-Uwe: Staats- und Verwaltungsrecht Nordrhein-Westfalen: mit Stichwortverzeichnis und alphabetischem Schnellregister, Heidelberg 2001.

Günter, Roland: Besichtigung unseres Zeitalters. Industriekultur in Nordrhein-Westfalen, Essen 2001.

Slotboom, Ruud: Noordrhijn-Westfalen. Informatie over politiek, economie en maatschappij, Amsterdam 2001

Abbildungsnachweis

ARCELOR: Abb. 31
Belgisches Verkehrsamt/Himmer: Abb. 25
Brüssel International – Tourismus & Kongress (BI-TC): Abb. 14, 17
Corinna Franz: Abb. 34, 39, 40
Debelux, Köln: Abb. 15, 24
Ministerie van Buitenlandse Zaken, Den Haag: Abb. 1, 2, 3, 4, 5, 6, 8, 9, 10, 11, 12
Ministerie van de Vlaamse Gemeenschap: Abb. 18, 19 (Marnix van Esbroeck)
Office National du Tourisme du Luxembourg: Abb. 27, 28, 29, 30, 32, 33
Presseamt der Bundesstadt Bonn: Abb. 36
Staatskanzlei NRW, Düsseldorf: Abb. 35, 37, 38
Stiftung Haus der Geschichte der Bundesrepublik Deutschland, Bonn (Michael Jensch, Axel Thünker, Sonja Weller): Abb. 7
Tourisme Vlaanderen, Brussel: Abb. 22, 23
Van Hulst: Abb. 20
Zentrum für Europäische Integrationsforschung, Bonn: Abb. 21

Danksagungen

Für ihre inhaltliche Beratung und Hilfe sei den folgenden Einrichtungen herzlich gedankt:

Belgisches Generalkonsulat, Köln
Botschaft des Königreichs Belgien, Berlin – Bonn
Botschaft des Königreichs der Niederlande, Berlin – Bonn
Centre Robert Schuman, Luxembourg
Centrum voor Duitsland Studies (CDS), Nijmegen
Deutsch-Belgisch-Luxemburgische Handelskammer (debelux), Köln – Brüssel – Luxemburg
Deutsch-Niederländische Handelskammer (DNHK), Den Haag
Duitsland Instituut (DIA), Amsterdam
Ems Dollart Region, Bunde – Nieuweschans
EUREGIO Gronau
Industrie- und Handelskammer Aachen

Industrie- und Handelskammer Duisburg
Industrie- und Handelskammer Düsseldorf
Landeskriminalamt NRW, Düsseldorf
MMO Consulting, Amersfoort
Niederländisches Büro für Tourismus, Köln
Tourismus Flandern – Brüssel, Köln
Verein Europäischer Grenzgänger, Landgraaf
sowie der Regierung der Deutschsprachigen Gemeinschaft, Eupen,
besonders dem Herrn Minister-Präsidenten Karl-Heinz Lambertz.

Insbesondere sei sehr herzlich gedankt:

Prof. Dr. Ulrich Ammon (Duisburg), Laurence Ball (Eures Saar-
LorLux, Luxembourg), Monika Beck (GfW, Düsseldorf), Hans Beelen
(Oldenburg), Konrad Beikircher (Bonn), Tania Berchem (Presse- und
Informationsamt, Luxembourg), Michael Berrier (MTU, Friedrichs-
hafen), Pierre Bley (Union des Entreprises Luxembourgoises, Luxembourg), Anne Bitterberg (Nijmegen), Cynthia Bos (Unilever, Rotter-
dam), Joop Bos (Dr. Oetker Nederland, Leeuwaarden), Dr. Edi Clij-
sters (Flämische Repräsentanz, Berlin), Dr. Heinz Commer (Köln),
Susanne Debeolles (Delegation der Wallonischen Region und Franzö-
sischen Gemeinschaft, Berlin), Hans Dijkhuis (ASML, Veldhoven),
Rosine De Dijn (Bergisch Gladbach), Prof. Dr. Jacobus Delwaide
(Brussel), Karolien De Meirsman (Brussel), Jean-Paul Detaille (Belgi-
sches Generalkonsulat, Köln), Pierre Dillenburg (Luxembourg), Dr.
Jean-Paul Dispot (Mainz), Klaus Drossard (debelux, Köln), RA Ralph
Ebert (Paris), Michael Endler (Euskirchen), Dr. Gerhard Eschenbaum
(Düsseldorf), Jean-Claude Felten (Ministère d'Etat, Luxembourg),
Guido Fonteyn (De Standaard, Brussel), Dr. Jan Geens (Brussel), Su-
sanne Gessat (Köln), Dr. Germaine Goetzinger (Mersch), Luc Grone-
veld (Hollandsche Paneermeel Industrie, Helmond), Günther Gülker
(DNHK, Den Haag), Prof. Dr. Winfried Hamel (Düsseldorf), Kris
Hendrickx (Brussel), Heike Höher (HWK Düsseldorf), Dr. Maria
Hohn-Berghorn (Bonn), Ada van der Hoogte (Unternehmensberate-
rin, Amsterdam), Pieter van der Horst (Delphi Management Academy,
Doorn), Dr. Marc Houben (Brussel), Jan Huizinga (Nijmegen), Heinz
Iffland (Dinslaken), Prof. Dr. Koen Jaspaert (Nederlandse Taalunie,
Den Haag), Nathalie Jouan (Bonn), Reinier Kelder (Unilever, Rotter-
dam), Herman Kogelman (Beuningen), Dr. Wim Maarse (Niederlän-
dische Botschaft, Berlin), Gerd Marmann (debelux, Köln), John
Mazeland (CDS, Nijmegen), Uta Meier (UMC Research, Arnhem),

Len Middelbeek (Praaning Meines Strategic Communication, Den Haag), R. Meijer (EUREGIO Gronau), Prof. Dr. Wolfgang Mincke (Ahaus), Hans Montag (debelux, Brüssel), R.C. Eric Neef (Ems-Dollart-Region, Nieuweschans), Dr. Jacco Pekelder (DIA, Amsterdam), Diana Pereira (Nijmegen), Olda van Ooien (Van Ooijen B.V., Elst), Erica Poettgens (CDS, Nijmegen), Heleen J. Posthumus (Ruurlo), Jos Raats (Detroit Diesel, Ridderkerk), Jörg Renner (CDS, Nijmegen), Dr. Jochen Reuling (Bonn), Richard Rinck (Grenz-Echo Verlag, Eupen), Prof. Dr. Felizitas Romeiß-Stracke (BSF-Creative Leisure Research, München), Rita de Ruiter-de Graaf (Niederländische Botschaft, Berlin), Dr. Gunter Schaible (IHK Aachen), Prof. Dr. Reinhard Schiffers (Bonn), Patrice Schmitt (Invest in France, Frankfurt/Main), Almut Schmitz (LGH Düsseldorf), Marion Schmitz-Reiners (Belgien-Magazin, Brüssel), Romain Schneider (Eures-Berater, Wiltz), Pepijn Schreinemachers (Bonn), Herbert Schürings (Georg Plange KG, Neuss), Frank Schwalba-Hoth (Conseillé & Partners, Brüssel), Prof. Dr. Jean Schoos (Bonn), Lily Sprangers (DIA, Amsterdam), Barbara Stang (Aufbau Verlag, Berlin), Anke Struver (Nijmegen), Stefan Swertz (Niederländisches Büro für Tourismus, Köln), Michael Swoboda (Köln), Dr. Anne Syndram (Roetgen), Ben J. H. Uffink (Winterswijk), Yke Veraart (Markon, Zeist), Hans Verbeek (Deutschland-Korrespondent Het Parool, Elsevier und Radio Niederlande, Berlin), Bart Vandeputte (Belgisches Generalkonsulat, Köln), Frans van Duikeren (Nimax B. V., Elst), Kees van Spronsen (Niederländische Botschaft, Bonn), Hans van Velden (Nimax B. V., Elst), A. L. M. van Zeeland (Niederländische Botschaft, Berlin), Ron Wijckmans (Köln), Jörg Winkelsträter (IHK Duisburg), C. M. Woitfiez (Bergen op Zoom).